FUI AO *Céu* E VOLTEI

MARY C. NEAL

FUI AO *Céu* E VOLTEI

A história real da caminhada extraordinária de uma médica junto a Deus

Tradução de Gabriela Almeida

1ª reimpressão

lua de papel

Diretor editorial: Pascoal Soto
Editora executiva: Maria João Costa
Assessores editoriais: Bruno Fiuza e Raquel Maldonado
Preparação de texto: Fabrício Fuzimoto
Revisão de texto: Vívia de Aguiar
Diagramação: Abreu's System
Adaptção de capa: Ideias com Peso

N253f Neal, Mary C.
Fui ao céu e voltei : a história real da caminhada extraordinária de uma médica junto a Deus / Mary C. Neal ; tradução de Gabriela Almeida - Rio de Janeiro : Lua de Papel, 2013.
224 p. : 13,8 x 20,8 cm

Tradução de: To heaven and back
ISBN 978-85-8044-662-3

1. Neal, Mary C. 2. Experiências de quase-morte - Aspectos religiosos - Cristianismo. I. Título.

13-1454. CDD: 922
CDU: 929:2

2013

TEXTO EDITORES LTDA.
[Uma editora do Grupo Leya]
Rua Desembargador Paulo Passaláqua, 86
01248-010 – Pacaembu – São Paulo – SP – Brasil
www.leya.com.br

Dedico este livro a Deus: Você me deu a vida e eu vivo pela Sua glória.

SUMÁRIO

"Este é o começo de um novo dia. Deus me deu este dia para utilizá-lo e assim o farei. Eu posso desperdiçá-lo ou crescer em sua luz e servir de ajuda aos outros. Mas o que faço com o dia dado é importante porque troquei um dia de minha vida por ele. Quando o amanhã chegar, o hoje terá ido embora para sempre. E espero não me arrepender do preço que paguei."

Anônimo

AGRADECIMENTOS

Este livro é escrito com agradecimentos especiais a:

- Bill Neal, por ser meu amado, paciente, engraçado, talentoso e devoto parceiro de vida.
- Willie, Elliot, Betsy e Peter Neal, por serem constante inspiração, indagação e profunda beleza. Vocês são as fontes tanto da minha felicidade quanto da minha tristeza, mas minha vida seria árida sem a experiência de viver com cada um de vocês.
- Ellen Nolan, David Pfeifer, Sophie Craighead, Reverend Dr. Paul Hayden, Terry Hayden, Cindy Leinonen, Mark Barron, Elizabeth Gerdts e Kasandra Loertscher, sem os quais nossa família não teria sobrevivido nem estaria aqui hoje.
- Tom, Debbi, Kenneth, Anne, Chad, Krista, Tren e Linzie Long, por me trazerem de volta à Terra e por serem uma parte tão amada de nossa família.

- Betty Thum, por sempre me dar amor e apoio incondicionais. Eu rezo para que possa dar o mesmo aos meus filhos.
- George Thum, Paulita Neal, Edwin Pounder, Robert Hume e Bill Hume, por me amarem e me encorajarem de todas as formas.
- Minha Irmandade YaYa: Linda Purdy, Susan Farquhar, Kelly Kiburis, Becky Patrias, Julie Connors, Ann Bayer e Susan Marks, que foram meu suporte por mais de quarenta anos.
- Robin Steinmann, Corrine Alhum, Barb Forbes, Natalie Stewart e Sherry Pointsett, por me ajudarem a compreender o poder da oração.
- Marta Lozano, por seu apoio contínuo e por tolerar meu trabalho neste livro em vez de completar minhas tarefas.

Todas as pessoas não nomeadas, mas que me ajudaram a tornar-me a pessoa que sou hoje.

PRÓLOGO

"Não somos seres humanos numa jornada espiritual, mas sim seres espirituais em uma jornada humana."

Pierre Teilhard de Chardin

Deus e seus mensageiros angelicais estão presentes e ativos em nosso mundo atual. Esse envolvimento e intervenção são ordinários na frequência e extraordinários na ocorrência. Apesar de levar o que considero uma vida comum, tive o privilégio de ser tocada por Deus de formas bastante visíveis e tangíveis. Uma dessas experiências se deu em 14 de Janeiro de 1999, quando estava de férias com meu marido na América do Sul. Enquanto andava de caiaque, fiquei presa debaixo d'água e me afoguei. Morri e fui para o céu. Após uma breve passagem, retornei ao meu corpo. Voltei à vida com duas pernas destruídas e severos problemas pulmonares. Fui hospitalizada por mais de um mês, fadada à cadeira de rodas para sempre e não retornei ao consultório de cirurgia ortopédica por mais de seis meses.

Muitos descreveram meu acidente como terrível e trágico. Eu o descrevo como um dos maiores presentes que já recebi. A série de eventos que circundaram o acidente e minha recuperação não foram nada menos do que miraculosos. Não somente tive o privilégio de experimentar o céu, como continuei a experimentar a intensidade do mundo de Deus e conversei com anjos diversas vezes nas semanas que seguiram meu retorno.

Através dessa experiência, entendi muitas das questões importantes da vida, como "O que acontece quando morremos?", "Por que estamos aqui?" e "Por que coisas ruins acontecem a pessoas boas?". Também pude compreender o testemunho do discípulo Paulo em 1 Coríntios 13 que "de fé, esperança e amor, o mais duradouro é o amor". Eu já tinha razões para acreditar em milagres, mas realizar uma viagem até o céu e voltar transformou minha fé em conhecimento e minha esperança em realidade. Meu amor continuou imutável e eterno.

Uma das muitas razões do meu retorno à Terra é a de contar minha história aos outros e ajudá-los a encontrar seus caminhos de volta até Deus. No início de minha recuperação, fui convidada a dividir minha história com pequenos grupos da minha comunidade; e essas pessoas dividiram com amigos e familiares. Conforme a história se espalhava pelo país, me diziam frequentemente o tamanho do impacto que causava nas vidas das pessoas. No processo de compartilhamento, percebi que minha história na realidade não pertence a mim e, sim, a Deus, e havia sido feita para ser contada. Ela havia inspirado bastante gente, estimulado discussões e muitas vezes resultado em uma renovação do relacionamento com Deus. O medo que as pessoas sentiam da morte dimiuíra e a paixão por viver uma vida plena e significativa aumentara. Minha história aprofundou a fé das pessoas e deu-lhes esperança para o futuro.

Obrigação Nobre: com o privilégio vem a responsabilidade.

Verdadeiramente, Deus não nos dá uma lâmpada para que a escondamos debaixo de uma cesta ou de uma cama. Ele nos dá uma lâmpada para que possamos iluminar o mundo. A luz sempre dissipa o vazio da escuridão. Por fim, decidi que se a leitura de minha história pudesse aproximar pelo menos uma pessoa de Deus, valeria a pena escrevê-la.

Comecei então a botar no papel algumas de minhas observações e experiências.

O que eu não poderia saber, e não sabia enquanto trabalhava no meu manuscrito, era que o senso de urgência me impelindo a completá-lo era também a mão de Deus trabalhando em minha vida. Pois a história não terminou aí...

INTRODUÇÃO

"Ouve, ó Deus, a minha súplica; atende minha oração.
Desde os confins da terra clamo por ti,
No abatimento do meu coração. Leve-me até a rocha
Que é alta demais para mim."

Salmos 61:1-5 (VPRB)

A pequena estrada de pista dupla nas remotas montanhas do México estava saturada pela chuva da noite anterior. Já era fim de tarde, e ainda estávamos a horas de distância da rodovia principal, quando nosso caminhão dilapidado escorregou para fora da pista e imediatamente afundou na lama grossa e marrom que formava a curva do percurso. Nosso grupo de viagem era formado por mim, com quinze anos de idade, um casal de adultos missionários, outra adolescente e um bebê. As rodas do caminhão foram incapazes de ganhar tração e ele rapidamente afundou sobre os eixos. Nosso nível de ansiedade aumentou rapidamente quando percebemos que seria quase impossível liberar as rodas do nosso veículo. E era impossível caminharmos para longe o suficiente para encontrar ajuda.

Não estávamos preparados para esse tipo de atraso. O bebê precisaria de comida e sabíamos que a temperatura cairia drasticamente quando o Sol se pusesse no horizonte. Era vital que colocássemos o caminhão de volta na pista, já que havíamos dirigido por essa área isolada diversas vezes durante o verão e nunca havíamos cruzado com outros veículos. Focamos completamente na tarefa e tentamos inúmeras vezes liberar as rodas do caminhão. O buraco na lama parecia não ter um fundo e nossos esforços pareciam fracos demais. Enquanto trabalhávamos, começamos a rezar com grande fervor e sendo claros em nosso pedido: que Deus "colocasse pedras sob nós", e logo.

As palavras mal haviam deixado nossos lábios quando fomos surpreendidos por uma caminhonete velha e enferrujada perambulando pela estrada. O motorista havia pegado a entrada errada e estava tentando encontrar seu rumo de volta à estrada principal. Quando informado sobre nossa situação, ele gentilmente nos ofereceu uma carona até a cidade. A cabine era muito pequena para acomodar a todos, então subimos na caçamba da caminhonete e nos sentamos sorrindo sobre sua carga... de pedras. Fomos tomados pela alegria ao ver as pedras, sabendo que nossas preces haviam sido escutadas.

Teria sido essa uma resposta à nossa oração tão específica? Teria Deus, acompanhado de bastante senso de humor, interferido em nossas vidas e respondido nossas preces? Seria o motorista da caminhonete um anjo ou um mensageiro de Deus? Seria isso um milagre? Talvez tenha sido apenas uma coincidência. Mas uma coincidência é definida como a "ocorrência acidental de eventos que aparentam estar conectados".

Sorte é uma "força que nos traz boa fortuna ou adversidade. Favorece a chance." Eu, pessoalmente, chamo de milagre: um "evento que é considerado uma obra de Deus".

A Bíblia muitas vezes descreve situações nas quais anjos são enviados por Deus para ajudar aqueles que necessitam. Na maioria das vezes, em tempos turbulentos, situações em que correm risco de vida, ou no momento da morte. Milagres parecem ser universais e foram reportados por Católicos, Protestantes, Muçulmanos e Hindus. O Quran descreve um milagre como a "intervenção sobrenatural na vida de um ser humano." A Igreja Católica descreve-os como "obras de Deus", geralmente com um propósito específico, como a conversão de uma pessoa através da fé. O Dicionário Merriam-Webster Collegiate define um milagre como sendo um "evento extraordinário no qual se manifesta uma intervenção divina".

Cínicos afirmam que milagres desafiam as leis da natureza e, portanto, não podem ocorrer. Como descrito por outros que creem no mesmo que eu, há uma forma diferente de perceber um milagre.

Situação #1

Uma bola é solta de certa altura e cai no chão. Isto obedece às leis da natureza.

Situação #2

Uma bola é solta de certa altura e cai em direção ao chão. Uma mão se estende e a pega. Ela nunca atinge o chão. A bola obedeceu às leis da natureza, mas a mão interveio. Se a mão fosse de Deus, teríamos testemunhado uma intervenção divina sem qualquer desafio às leis da natureza.

Eu creio que Deus ouviu nosso choro profundo naquela pequena estrada do México e escolheu intervir a nosso favor. Apesar de a resposta não ter sido como esperávamos, Deus nos deu uma resposta específica à nossa prece: Ele colocou pedra sob nossos pés.

Com o passar dos anos, como a maioria das pessoas, questionei minha espiritualidade. Perguntei-me sobre a realidade de Deus, seu papel em minha vida, do porquê de tantas coisas ruins estarem fadadas a acontecer e sobre a existência de vida após a morte. Apesar de todas as perguntas e dúvidas, desde essa experiência vivida no colegial testemunhei inúmeras preces atendidas e acontecimentos envolvendo intervenção divina. Afoguei-me num passeio de caiaque durante férias que passei na

América do Sul, e tive o grande prazer — privilégio e dom — de ir ao céu e voltar. Tive a oportunidade de conversar com anjos e fazer perguntas. Ganhei um *insight* enorme. Como um dos resultados da aventura também tive a oportunidade de ouvir muitas pessoas descreverem seus próprios encontros espirituais e experiências de quase morte. Eles geralmente iniciam suas histórias com "eu nunca contei isso a ninguém antes, pois achava que não acreditariam em mim, mas...".

Está Deus presente em nosso mundo hoje? Milagres ainda acontecem? Existem mesmo anjos por toda nossa volta? Deus cumpre suas promessas? Há razões suficientes para viver através da fé? Acredito que a resposta para cada uma destas questões é definitivamente um "sim" e creio que você chegará à mesma conclusão ao ler sobre os milagres que presenciei e vivi.

CAPÍTULO 1

OS ANOS INICIAIS

"'Pois eu sei os planos que tenho para ti', declara o Senhor, 'planos para lhe fazer prosperar e não para machucá-lo, planos para lhe dar esperança e um futuro.'"

— Jeremias 29:11 (NVI)

Nasci e fui criada em uma cidade bastante comum do centro-oeste de Michigan. Vivia em um bairro de classe média com meus pais, Bob e Betty, dois irmãos, Rob e Bill, uma irmã, Betsy, e um pequeno bassê chamado Trinka. Meu pai era cirurgião-geral e minha mãe era dona de casa.

Eu usufruí de uma infância agradável, a qual em alguns aspectos era idílica. Nem sempre tive tudo o que quis, mas nunca deixei de ter o que me era necessário. Mais importante como para qualquer criança, sempre me senti amada pela minha família. O riacho que corria por trás de nossa propriedade me rendeu grandes emoções e ocasiões inesquecíveis. Passei muitas horas dentro e sobre aquele riacho; patinando no gelo, andando de barco, pescando, nadando e explorando.

Aprendi sobre lesmas, caracóis e sanguessugas. Aprendi o que acontece quando um cachorro come o bacon que está preso no anzol de pesca e aprendi a nunca encarar uma tartaruga mordedora nos olhos. Meu melhor amigo e eu construímos uma elaborada fazenda de mexilhões de água fresca, para mais tarde descobrir que pérolas nascem em ostras, não em mexilhões. Foi uma grande diversão e desenvolveu minha paixão pela imersão ao mundo exterior natural.

Minha família frequentava a Igreja Presbiteriana local, participando de uma denominação onde meu avô, bisavô e tataravô haviam sido ordenados ministros. Nossa tradicional e alta igreja de pedra ficava orgulhosamente localizada na praça da cidade. Enquanto o exterior era bastante formal e não muito convidativo, o interior era arqueado em direção ao céu, ostentando, de forma muito bela, grandes e largas janelas de vidro multicolorido. Os bancos eram rústicos e feitos de uma madeira rica e escura. Meus irmãos e eu assistíamos a escola dominical, aula de crisma, os cultos e os ocasionais encontros de jovens, mas eu achava essas atividades muito mecânicas e entediantes. Embora as frequentasse por livre e espontânea vontade, elas parecem ter causado um impacto muito pequeno em minha vida.

Meus irmãos, minha irmã e eu certamente nunca desenvolvemos um relacionamento vívido e de amor a Deus enquanto crescíamos, e nunca me senti obrigada a incorporar Deus ou Jesus Cristo em minha vida diária ou em meus pensamentos. Deus parecia ser um "evento de domingo". Não me lembro de meus pais discutirem espiritualidade ou religião em nosso lar. No entanto, eles criaram, em vários aspectos, um modelo de vida cristã para nós. Minha mãe era tão amável, sempre motivadora, e serviu como voluntária em inúmeras organizações que prestavam serviços à população. Meu pai mostrava grande compaixão pelos menos afortunados e seus problemas e exercia com autruísmo sua profissão como cirurgião.

Muitas vezes segui meu pai enquanto ele checava seus pacientes no hospital ou quando recebia um chamado de emergência nos finais de semana. Percebi que seu serviço era em prol da vida, no qual ele sempre demonstrou gentileza e respeito pelos outros; não era motivado pelo dinheiro e sempre colocava os sentimentos e necessidades dos outros acima dos seus próprios.

Com a proximidade da adolescência, me tornei mais independente e comecei a ter minhas próprias opiniões. Descobri que, embora meu pai fosse bom em praticar atividades em conjunto, não era tão bom assim em compartilhar seus sentimentos comigo ou discutir assuntos que eu considerava importantes ou difíceis. Eu o adorava apesar de seus defeitos e fiquei chocada quando, na primavera de 1970, o relacionamento de meus pais sucumbiu e minha mãe pediu para que ele se mudasse de casa.

Separação ainda era algo escandaloso na época, e eu fiquei indignada quando o divórcio dos meus pais aconteceu, no outono de 1971. Eu estava na sétima série e acabei me tornando uma adolescente confusa e com raiva. Quando encarei o anúncio do divórcio deles no jornal, a imagem que tinha da família tradicional americana dos anos 1950 se foi. Naquele período, as idas à igreja eram um dos únicos aspectos estáveis na minha vida.

Meus irmãos mais velhos já estavam na faculdade e eu e meu outro irmão continuamos a morar com minha mãe em nossa casa de infância. Todo domingo de manhã, meu pai me levava de carro até a lanchonete para tomarmos café da manhã e depois íamos à Igreja. Eu ainda estava constrangida e irritada com o divórcio de meus pais, então me recusei a frequentar os cultos com ele. Em vez disso, íamos ao culto matinal da Igreja Episcopal local. Geralmente, caminhávamos um pouco após a igreja e então voltávamos ao seu apartamento para encerrarmos o dia jantando frango assado e vagens: o único prato que ele sabia fazer. Ao mesmo tempo em que eu percebia suas limitações, ainda me apegava à fantasia de que ele retornaria para casa e nossa família voltaria a ser o que eu idealizava quando criança.

Minha mãe era jovem, atraente e interessante, portanto eu não deveria me incomodar com o fato de ela desejar namorar novamente, mas acabei fazendo-o, e tentei interromper o processo de todas as formas possíveis. Mack foi o primeiro cara que levou minha mãe a sério após meu pai sair de casa. Numa noite, quando cheguei em casa, descobri que ele tinha comido todos os biscoitos que eu havia assado (os quais nenhum era destinado a ele), e fiquei furiosa. Deixei bem clara minha insatisfação e fiquei bastante satisfeita em nunca vê-lo de novo.

George foi o próximo homem a capturar a atenção de minha mãe. Ele era gerente do country club onde meus irmãos trabalhavam, e eles haviam lhe contado sobre ela. Após meus irmãos insistirem para que ele ligasse, foi iniciada uma bela relação entre George e minha mãe. Apesar de o divórcio dos meus pais ter sido há um bom tempo, eu ainda odiava a ideia de minha mãe ter um "namorado". Em sua defesa, George era engraçado, bom, gentil, compreensivo e extremamente paciente. Ele ainda dava as melhores e mais longas coçadas nas costas já vistas pela humanidade, o que, devo acrescentar, era uma bela forma de quebrar minha hostilidade! Ele amava minha mãe e ele amava os filhos dela, então quando minha mãe fez uma reunião de família mais ou menos um ano depois do início de seu namoro e pediu nossa permissão para casar com George, foi impossível negar essa felicidade a ela. Em meu coração eu permanecia dividida. George era um homem decente e eu pensava que ele seria um padrasto razoável, mas continuei a rezar pelo dia em que meu pai voltaria, juntamente com a vida que eu conhecia.

Até o momento em que o padre declarou minha mãe e George "marido e mulher", em 1973, continuei rezando para que meu pai interrompesse o casamento e tomasse de volta sua família. Como isso não aconteceu, concluí que Deus não havia escutado as preces que fiz em despespero e com certeza não iria respondê-las.

Em meio a minha decepção, descartei a ideia de oração. Eu era apenas mais uma criatura minúscula em um planeta com mais de quatro bilhões de pessoas; se realmente houvesse um Deus, por que ele ouviria e responderia minhas preces? Eu decidi que minha visão sobre um Deus onipresente que ligava para todos os indivíduos havia sido provavelmente infantil e boba, e então optei por "seguir em frente", deixando minhas crenças em Deus para trás.

Aos quinze anos eu era uma adolescente esperta, realizada e autoconfiante. Eu pensava que sabia o que era melhor para mim e acreditava ser capaz de criar meu próprio futuro, sem intervenção divina. O que era imperceptível para mim naquela época era como Deus havia não só escutado a maioria das minhas preces desesperadas, como havia atendido-as de uma forma muito maior e mais preenchedora do que eu jamais poderia imaginar. Através do casamento de minha mãe, Deus me deu um padrasto que era firme em seu amor, gentil e gracioso. George era motivador e respeitoso. Como um pai, ele me ensinou o que é alegria, amizade e responsabilidade. Ele foi um modelo de como um casamento composto por amor e respeito deve ser, e se tornou uma das maiores influências em minha vida. Deus prometeu nos dar esperança e um futuro e manteve essa promessa. George ter entrado em minha vida definitivamente não foi a resposta pela qual eu havia rezado. Foi melhor.

CAPÍTULO 2

FUGINDO AO CONTROLE

"O futuro pertence àqueles que acreditam na beleza de seus sonhos."

— Eleanor Roosevelt

Apesar da presença estável de George, minha vida ainda se encontrava em um estado de dor e turbulência quando ingressei no colegial. A maioria de meus amigos estava envolvida com álcool e drogas e eu estava fora de controle. Numa noite fria de março — para ser mais exata —, no aniversário de minha mãe, John, Linda e outra amiga me buscaram em um Chevy Impala novo em folha que pertencia ao irmão de John. A tinta da carteira de motorista de John ainda estava molhada, mas o encorajamos a dirigir por alguns "morros-montanha-russa" locais no caminho para uma festa na cidade vizinha.

Morros montanha russa são exatamente como soa o nome... Eles se aproximam de um parque de diversões. Se você dirigir rápido o bastante, seu estômago vem até a boca no momento em que o carro atinge o topo do morro. As estradas invernais de março estavam cheias de gelo e o novo assento de vinil do carro estava macio e escorregadio quando começamos a voar pelos morros. Linda insistiu que usássemos os cintos de segurança, e o barulho do clique de nossos cintos sendo colocados ainda podia ser ouvido quando John perdeu o controle do carro. Nós atingimos uma árvore depois de começarmos a rodar, e imediatamente ouvimos o violento som da parte traseira sendo arrancada do resto do carro.

O impacto contra a árvore catapultou nosso carro para o lado oposto da estrada. O local onde fica o motor foi destruído ao colidir com uma segunda árvore. O compartimento de passageiros, com nós quatro ainda dentro, começou então a rolar diversas vezes aterro abaixo, finalmente parando de ponta-cabeça. Apesar de termos ficado pendurados invertidamente no carro, suspensos pelos cintos de segurança que havíamos acabado de afivelar, nenhum de nós estava gravemente ferido.

Durante nosso capote em direção à ravina, eu pude escutar, em alto e bom som, Deus me dizer: “Eu estou com você.” Naquele momento, meu medo se esvaiu e eu fui capaz até de contemplar a beleza das árvores e arbustos giratórios que eu via através do vidro da janela quebrando, enquanto rolávamos morro abaixo. Essa foi a primeira experiência reconhecível da presença de Deus em minha vida. Eu contemplei o que havia ouvido e sentido, mas, para ser honesta, estava bastante chocada com a experiência. Comecei a considerar que Deus poderia não ser apenas uma “crença infantil e boba”, afinal de contas. Para mim, Deus era real, presente e aparentemente tinha planejado mais para minha vida do que eu mesma.

Após esse evento, minha vida de adolescente continuou confusa, apesar de eu ter começado a enxergá-la como mais significante e contendo um futuro maior do que eu havia considerado até então. Comecei a examinar a realidade de meu comportamento, meus amigos e minhas escolhas. Decidi que era hora de levar minha vida mais a sério e fazer algumas mudanças. Eu não gostava mais de "curtir com a galera" nas sextas à noite e comecei a passar mais tempo pensando no meu futuro e no que era importante para mim. Eu contemplava meus objetivos e como eu me encaixava no quadro geral do mundo.

Continuei frequentando os cultos, tanto da igreja Presbiteriana quando da Episcopal, e intermitentemente comecei a frequentar a Igreja Católica de Oakland Road com minha amiga Merry Ann. Apesar de ter sido batizada quando criança e confirmada na Igreja Presbiteriana, escolhi me submeter a um batismo de imersão total durante um dos cultos na Igreja Católica de Oakland Road. Pensar nisso me faz rir, já que sou bastante introvertida socialmente. Só a ideia de me responder a um chamado público em um altar e ser imersa em um tanque de acrílico montado na frente da parede principal de um santuário lotado é suficiente para fazer a maioria dos meus amigos gargalhar. Mesmo assim, eu o fiz e o Espírito Santo deve ter se incorporado em mim, pois quando emergi, me senti leve como uma pluma. Eu estava energizada, eufórica e extasiada. Me senti limpa e renascida; me tornei uma nova pessoa. A promessa de Deus de que "se qualquer um está em Cristo, ele é uma nova criação; o velho se foi, o novo chegou" (2 Coríntios 5:7, NIV) havia sido cumprida.

CAPÍTULO 3

MÉXICO

"Confia no Senhor de todo o teu coração.
E não te estribes no teu próprio entendimento.
Reconhece-o em todos os teus caminhos,
E Ele endireitará as tuas veredas."

— Provérbios 3:5-6 "NVRJ™"

Pouco tempo após minha transformação espiritual através do batismo, li um boletim da igreja no qual havia um aviso sobre uma captação de recursos, feita por um casal de missionários americanos vivendo nas montanhas do México Central. Apesar de não serem formalmente treinados para fazê-la, esse casal de missionários vinha organizando acampamentos da Bíblia e gerenciando uma clínica médica que provia cuidados para a população atingida pela pobreza nas montanhas que cercavam a cidade de Matehuala, no estado de San Luis Potosi. Eles estavam pedindo ajuda e eu senti um chamado urgente para agir.

Eu tinha quinze anos de idade, não tinha dinheiro algum para dar ao casal e nem muito interesse no trabalho evangélico deles, mas pensei que trabalhar numa clínica médica remota seria uma grande aventura. Contatei imediatamente o casal, que aceitou calorosamente minha oferta de ajuda. Suas únicas perguntas eram: "O quão rápido você pode vir?" e "Por quanto tempo você pode ficar?". Comuniquei meus planos de viagem a minha mãe e conseguimos arranjar uma forma de eu receber créditos escolares pelo meu serviço no México.

Tudo se ajeitou rapidamente e parti para o México pouco depois. Foi um bom exemplo (retrospectivamente, é claro) de como as coisas andam rapidamente quando alguém se move em direção à vontade de Deus. Levei muitos anos para aprender que, quando tudo parece difícil e você se sente nadando contra a corrente, é porque geralmente você não está seguindo a direção da vontade de Deus. Quando você está fazendo a vontade de Deus, tudo parece acontecer sem muito esforço e sem muitos obstáculos.

Esse casal missionário mantinha um lar na cidade de Matehuala, mas passava a maior parte de seu tempo em um rústico vilarejo montanhês a horas de distância. Foi no nosso caminho para casa, vindo desse vilarejo, que um dia nosso caminhão ficou preso na lama, como descrevi na minha introdução a este livro. Enquanto estivemos nas montanhas, morávamos em uma casinha de fazenda e de lá províamos nossa comida, aulas sobre a Bíblia e cuidado médico para as pessoas que viviam nas redondezas. Nós oferecíamos uma gama de tratamentos médicos que ia desde tratamento contra piolhos, mordidas de aranhas e lacraias, até consertar os ossos e realizar alguns procedimentos cirúrgicos, como apendicite. Por mais rudimentar que fosse, esse povo via nosso tratamento médico como o único acessível a eles. Na verdade, havia um hospital regional, mas era muito distante e os aldeões diziam que só viajavam até lá quando suas condições eram tão drásticas que não tinham muitas esperanças de retornarem vivos.

Esse casal de missionários estava bastante desesperado por ajuda e parecia fazer um esforço que ia muito além de sua alçada. Logo que cheguei, eles me entregaram um livro de medicina bastante antiquado e disseram que eu seria responsável pelo atendimento obstétrico, incluindo partos – até mesmo a ocasional cesariana. Eu vinha em busca de aventura e possuía bastante autoconfiança, mas definitivamente não estava preparada para esse nível de responsabilidade, e me perguntei se eles haviam compreendido minhas qualificações erroneamente.

Quando os questionei, eles sugeriram que eu orasse por aconselhamento.

Eu insinuei que eles eram malucos.

Rezei fervorosamente durante meu tempo na clínica. Supervisionei partos tranquilos, conduzi partos mais difíceis, que exigiam intervenções e realizei cesáreas. Felizmente, nunca perdemos nenhuma mãe ou criança, apesar de meu conhecimento, experiência e equipamento serem limitados.

Ao levar crédito por esses feitos, achei ter sido uma aprendiz rápida, boa leitora e “cirurgiã” cuidadosa. Anos mais tarde, após terminar a faculdade de medicina e iniciar meu treinamento profissional para me tornar uma cirurgiã capacitada, ficou dolorosamente claro que meus esforços pouco tinham a ver com meus feitos anteriores. Eu havia meramente fornecido as mãos através das quais Deus pôde fazer seu trabalho. O crédito pelo sucesso pertencia inteiramente a Deus, e não acredito que todos os nossos pacientes teriam sobrevivido, não fossem sua orientação e intervenção.

Quando li pela primeira vez o boletim que me levou às montanhas do México, havia me interessado pela clínica médica, mas nem um pouco pelo trabalho missionário ou evangélico. Presumi que o evangelismo, as celebrações dominicais e os acampamentos da Bíblia seriam entediantes e desconfortáveis. Eu acreditava que espiritualidade era algo pessoal, e não partilhava da ideia de discuti-la com outros ou encorajar sua fé. Todos no vilarejo, incluindo adultos e crianças, participavam dos nossos acampamentos da Bíblia e fiquei surpresa ao perceber que o entusiasmo espiritual deles era tão comovente quanto contagiante. Eles tinham muito pouco em relação a posses materiais e, frequentemente, tinham apenas comida suficiente para uma refeição decente por dia; mas eram afáveis e ligeiros no enaltecimento e agradecimento a Deus por suas bênçãos diárias. Deus não era apenas uma "coisa de domingo" para eles, que cantavam seus hinos com alegria genuína nos corações.

Para mim, era inspirador ver o trabalho que Deus realizava na vida desses aldeões remotos e reconhecer que esses moradores rurais eram tão visíveis e valorosos para Deus quanto as pessoas ocupadas e "importantes" das cidades grandes. Claramente, não havia nada sobre suas condições de vida que pudesse separá-los do amor de Deus. O aspecto evangélico dessa aventura pode ter me empurrado para fora da minha "zona de conforto", mas provou ser tudo menos entediante.

CAPÍTULO 4
DESPERTAR ESPIRITUAL

"As pessoas só veem o que estão preparadas para verem."

— Ralph Waldo Emerson

Minhas experiências nas montanhas do México me deram uma noção mais clara da pessoa que eu queria me tornar e continuei trabalhando em direção a essa visão enquanto terminava o colegial. As celebrações de adoração da Igreja Episcopal continuaram a me sustentar e eu descobri que sua previsibilidade proporcionou um senso de estabilidade à minha adolescência agitada. O brilho radiante das janelas iluminadas pela luz do Sol energizava meu espírito e o ritmo melódico da voz do cantor do coral da igreja permitia que minha alma criasse asas.

Quando a oportunidade surgia, também participava intermitentemente dos cultos realizados pelas Igrejas Presbiteriana, Católica, Luterana e pelas igrejas cristãs não denominadas na comunidade da minha família. Eu sempre apreciei a variedade de denominações religiosas existentes no mundo. Seus diferentes estilos de adoração e formas de se comunicar oferecem às pessoas, em diferentes estágios de suas vidas e de suas jornadas espirituais, a oportunidade de encontrar o lugar onde se sentem mais confortáveis e onde sua fé pode prosperar mais.

Após a formatura no colegial, comecei a estudar na Universidade de Kentucky, onde, apesar da minha espiritualidade em aprofundamento, dificilmente participava de cultos religiosos. Parece que Deus raramente tem um assento na mesa de nosso sistema educacional. Não é pedido a ninguém para reduzir sua fé ou crenças, mas a vida universitária apenas parece não ter espaço para os aspectos religiosos e muitos acabam se afastando da espiritualidade. A vida, para a maioria dos estudantes universitários, é inteiramente voltada para o indivíduo: o que estamos fazendo, o que pensamos, o que sentimos, o que queremos e o que estamos planejando para o futuro. Mesmo se fazemos coisas "altruístas" durante a faculdade, como voluntariado, é geralmente porque nos faz sentir bem consigo mesmos ou cai bem em nosso currículo e não porque realmente nos sentimos convocados a servir.

Eu pretendia me inscrever para prestar faculdade de medicina uma vez que completasse meus estudos, então basicamente foquei em meus deveres, apesar de simultaneamente competir no time universitário de natação. Dada a falta de qualquer encorajamento para pensar no aspecto espiritual da minha vida, dediquei pouco do meu tempo e de meus pensamentos a Deus naqueles anos. Eu estava basicamente vivendo em uma deserção espiritual, até que descobri o mergulho.

Como universitária, frequentemente doava meu sangue para juntar uns trocados. Doar sangue era fácil e lucrativo, mas quanto mais eu doava, mais me perguntava sobre a esterilização do centro de doações, localizado numa parte bem suja da cidade. Eu também pensava nas chances estatisticamente crescentes de receber acidentalmente o sangue alheio devido a algum erro de laboratório. Comecei a procurar por outras opções de emprego e encontrei um trabalho de final de semana na loja de equipamentos de mergulho local. Eu sempre amei tudo relacionado à água e passava horas maravilhada pelas fotografias subaquáticas dos livros da loja. Fiquei fascinada pela beleza e complexidade das criações subaquáticas de Deus e rapidamente me apaixonei pela abundância e variedade de vida animal e pelo brilho das cores presentes nessas fotos.

Concluí meu primeiro curso de mergulho e me apaixonei pelo esporte. Abri mão do meu salário e comecei a trabalhar em troca de equipamento. Quando a loja patrocinou uma viagem para Florida Springs, mal pude esperar para ir. A viagem de Lexington para Florida era longa e nosso grupo chegou quando já estava bem escuro, mas a água estava linda, calma e convidativa naquela noite. Nós novatos estávamos tão ansiosos para fazer nosso primeiro mergulho em águas abertas que convencemos nossos instrutores a quebrarem a primeira regra do mergulho noturno: nunca mergulhe durante a noite num local onde você ainda não mergulhou durante o dia.

Arrumamos ansiosos nossos equipamentos e, cheios de entusiasmo, pulamos na água. Uma vez debaixo d'água, grudei em meu instrutor feito cola. Nós passeamos pelo fundo e fiquei extasiada com o esplendor dos peixes e a variedade de cores e formas dos corais. O meu primeiro mergulho em águas abertas estava batendo todas as minhas expectativas e, muito cedo para o meu gosto, o ar de nossos tanques esvaziou e já era hora de retornar à superfície.

Quando inflamos nossos coletes e nos debatemos em direção à superfície, não surgimos na superfície da água como esperado e acabamos atingindo rochas. Nadamos em outra direção e novamente atingimos as rochas. Havíamos entrado inadvertidamente numa caverna na qual a saída não estava clara.

Meu instrutor e eu procuramos pela abertura da caverna, mas a visibilidade havia diminuído quando, na minha inexperiência, chutei o fundo do lago com meus pés-de-pato e levantei uma nuvem de lodo. Estávamos ficando sem ar e os alarmes dos tanques estavam ecoando. Foi aí que me lembrei de rezar. Chamei a Deus e fui imediatamente preenchida com a sensação da presença Dele, e a consciência de que Ele nos mostraria o caminho de saída. Ele me guiaria.

Quando eu falo sobre "experienciar" a presença de Deus e sobre a consciência de que Ele nos mostraria o caminho, não necessariamente quero dizer que Ele, Deus, estava planejando pessoalmente nos escoltar até o final da caverna. Certamente não sou tão fantasiosa.

Quero dizer que senti a manifestação da graça e do amor de Deus e sabia que um de seus mensageiros (um espírito, um anjo?) de alguma forma nos mostraria o caminho. Essa certeza me permitiu desacelerar minha respiração e rezar pela sabedoria de meu instrutor.

O lodo começou a assentar e vimos vários peixes movimentando-se de um lado para o outro até se alinharem, nadando na corrente. Eles pareciam nos convidar a segui-los, o que de fato fizemos. Demos um último mergulho em direção ao fundo da caverna, na direção dos peixes, então nadamos para cima até desembocarmos na superfície do lago no exato momento em que o tanque de ar de meu instrutor havia esvaziado completamente.

Meu instrutor e eu discutimos sobre nossa experiência partilhada em sua extensão. Ele colocava a culpa em si próprio e estava desesperado por ter perdido o controle da situação; se sentiu responsável pelos erros que foram cometidos, pelo que ele pensava ter sido uma falta de bom senso de sua parte, e acreditava que havíamos sobrevivido por pura sorte; julgava-se uma verdadeira falha e começou a beber até cair no esquecimento. Da minha parte, eu tinha uma resposta profundamente diferente sobre nossa sobrevivência. Não acreditava que havia sorte envolvida. Eu havia "experienciado" uma profunda sensação de calma e certeza de que Deus estava conosco na caverna. Acreditei que havíamos sobrevivido porque Deus interveio, mesmo tendo sido tolos, e Ele essencialmente tenha tido que nos empurrar para fora da caverna.

A experiência na Florida Springs estimulou um despertar do meu ser espiritual. Eu tive o sentimento intenso de ter a certeza de que estamos todos na Terra por uma razão, e que havia sobrevivido porque meu trabalho neste planeta ainda não estava completo. Isso me deixou com um senso de responsabilidade por buscar a vontade de Deus para minha vida e seguir, da melhor forma possível, o caminho que fora colocado em minha frente. Dessa vez, eu estava determinada a não relegar Deus ao pano de fundo da minha vida, e sim mantê-lo presente de forma consciente em meus pensamentos e ações.

CAPÍTULO 5

DEUS É FIEL

"O Senhor te abençoe e te guarde;
O Senhor faça resplandecer o rosto sobre ti e tenha misericórdia de ti;
O Senhor sobre ti levante o rosto e te dê a paz."

-Números 6:24-26 (NVI)

Uma vez que havia me formado na universidade em 1980, mudei-me para Los Angeles, Califórnia, para dar início ao meu treinamento médico na UCLA. Meu período na escola de medicina foi, como previsto, estressante e exigente. Os dois primeiros anos foram passados em sala de aula, o que era interessante, mas não muito agradável. O treinamento clínico teve início no terceiro ano e aproveitei completamente o tempo que havia passado aprendendo sobre as diferentes áreas da medicina e da cirurgia. Logo descobri que era muito mais interessada pelos campos cirúrgicos do que pelos médicos, dado que eu gostava de "consertar" problemas mais do que gostava de discutir sobre eles. Decidi dedicar um período de tempo aprendendo sobre cirurgia ortopédica e rapidamente descobri que havia encontrado meu nicho. Eu apreciava os aspectos médicos da ortopedia e gostava da ideia de restaurar as funções dos pacientes e suas atividades. Foi uma escolha feliz também pelo fato de ter conhecido meu futuro marido enquanto passava meu tempo com a equipe ortopédica.

Bill se formou em medicina pela Universidade de Stanford e, apesar de ter intenção de permanecer em Stanford para seu treinamento cirúrgico, o trabalho de sua namorada o atraiu, levando-o também para os lados do sul da Califórnia. Essa história tem seus próprios conjuntos de coincidências, bastando apenas dizer que ele estava destinado a se mudar para o sul. O relacionamento deles se dissolveu na época em que ele veio para a UCLA para uns treinamentos em cirurgia ortopédica, onde minha amiga Peggy e eu havíamos sido escaladas para a mesma equipe cirúrgica que ele. Eu o achava bastante charmoso e, quando saí de sua equipe cirúrgica, começamos a namorar. Eu logo soube que passaria o resto da minha vida com ele.

Antes de completar a escola de medicina, fui aceita num programa de treinamento cirúrgico em ortopedia de grande prestígio, em Nova York. Esse programa requeria dois anos de experiência em cirurgia geral em outro lugar antes de iniciar seu programa de treinamento focado para se tornar um cirurgião ortopédico. Meu relacionamento com Bill estava florescendo, então essa organização funcionou muito bem e eu fiquei feliz em ser escolhida para ficar na UCLA para meus primeiros dois anos de treinamento.

Meu treinamento cirúrgico era muito intenso e já me deixava com muito pouco tempo para comer ou dormir, quanto mais para fazer algo que não estivesse diretamente relacionado ao trabalho. Apesar de continuar escutando a vontade de Deus, tentado seguir seu caminho e viver de acordo com as diretrizes de Cristo, foi mais fácil deixar com que Deus se tornasse pano de fundo em minha vida. Eu realmente não tinha tempo para Ele.

Era como se eu tivesse mandado Deus para o banco traseiro de meu carro. Eu queria que Ele estivesse presente, mas não queria que me distraísse e certamente não estava pronta para que Ele dirigisse o carro. Felizmente, Deus é paciente e fiel. Ele se senta no banco traseiro apenas esperando nosso convite para mudar-se para o banco da frente, para que possa conduzir e pressionar os pedais. Se lhe entregarmos as chaves do carro, Ele nos levará numa viagem inacreditável.

Isso não quer dizer que não houve pequenas aparições de Deus em minha jornada. Apesar de a profissão da medicina ter recentemente, e cautelosamente, reconhecido o componente espiritual da cura e da morte, pacientes "experienciaram" essa conexão através dos tempos. Durante meu treinamento, cruzei com muitos pacientes que queriam me contar sobre suas experiências espirituais. Geralmente o faziam de modo apologético e em tom de vergonha, já que não desejavam me ofender e pensavam que médicos não escutariam ou acreditariam. Presumia-se que ciência e espiritualidade eram incompatíveis.

Eu me lembro de Jennifer, uma garota que sofreu falência completa do fígado com apenas quatorze anos. Quando comecei a tratá-la, ela havia acabado de passar por um transplante de fígado. Isso em uma época em que o transplante desse orgão ainda estava sendo desenvolvido, portanto seu prognóstico era fraco. Houve muitas complicações após seu transplante, e o novo fígado ainda não estava funcionando corretamente.

Uma importante função do fígado é produzir agentes que ajudam a pessoa a parar de sangrar através da formação de coágulos, o que efetivamente contém a hemorragia. Sem esses agentes circulando pela corrente sanguínea, o paciente não consegue parar de sangrar nem de cortes superficiais ou um simples ralado. Nos anos 1980, não tínhamos alternativas para compensar a falta desses elementos, então enquanto aguardávamos seu novo fígado funcionar, demos a Jennifer diversas transfusões de sangue e plasma rico em agentes sanguíneos. Nós a levávamos à sala de cirurgia quase que diariamente, tentando encontrar e controlar pontos significantes de sangramento. Mantê-la viva não era uma tarefa fácil, e ela logo se cansou do processo.

Um dia, Jennifer me disse que não estava com medo de morrer, mas sim com medo do que aconteceria com seus pais. Ao que parece, quando seu fígado começou a falhar pela primeira vez, ela tentou explicar a eles que Deus estava com ela e a amava, Ele queria que ela "fosse para casa". Seus pais se recusaram a aceitar essa ideia, ao passo que ela concordou em se submeter a um transplante de fígado.

Num outro dia, enquanto eu a preparava para mais uma ida à sala de operação, ela me disse que não voltaria. Jennifer me agradeceu por tudo o que havíamos feito e me disse que seus anjos estavam com ela, então eu não deveria ficar triste; me disse que estava triste por seus pais, mas que era a hora de eles "me deixarem ir". Escutei e aceitei a verdade em suas palavras. Mesmo assim, minhas lágrimas fluíram livremente naquele dia quando seu coração parou de bater.

CAPÍTULO 6

UMA ATITUDE DE ALEGRIA

"Pensai nas coisas lá do alto,
não nas que são aqui da Terra."

— Colossenses 3:1-2 (NVI)

Meu período na UCLA estava passando rápido. Três coisas ficaram claras quando chegou a hora de ir para Nova York e iniciar meu treinamento especializado em cirurgia ortopédica:

1. Bill e eu estávamos destinados a passar nossas vidas juntos.
2. Bill, que havia finalizado seu treinamento ortopédico, tinha um ótimo emprego, e, uma vez que sua família vivia em Los Angeles, não estava entusiasmado em mudar-se para Nova York.
3. Nenhum de nós dois estava interessado numa relação a distância.

Ambos decidimos que seria melhor se eu pudesse ficar em Los Angeles para meu treinamento em cirurgia ortopédica. O único problema dessa ideia era que as vagas para treinamento em cirurgia ortopédica eram muito procuradas, preenchidas com antecedência e raramente estavam disponíveis de última hora. Nos reunimos então com o presidente de um dos programas de cirurgia ortopédica do sul da Califórnia na época, amigo da família de Bill. Ele era compreensivo e generoso, mas me confirmou que não haveria nenhuma vaga disponível e a melhor opção era que eu completasse meu treinamento em Nova York, como previamente arranjado. Bill e eu ficamos bastante desapontados e saímos daquela reunião bastante cabisbaixos.

Acreditava que Bill e eu estávamos destinados a ficar juntos. No entanto, também não queria abandonar meus planos de treinamento cirúrgico. Entreguei minhas preocupações a Deus e pedi seu aconselhamento. Alguns dias depois, recebi a notícia de que um dos jovens cirurgiões do treinamento ortopédico do sul da Califórnia estava tirando uma licença inesperada e que poderia haver uma vaga disponível. Imediatamente liguei e enviei meu currículo. Em seguida, fui chamada para uma entrevista.

Uma das perguntas feitas pela banca de entrevistadores foi. “Qual foi o último livro que você leu?” Essa é uma pergunta bem básica, daquela que a maioria das pessoas, inclusive eu, tentaria responder de forma a mostrar algum intelecto ou destacar algum interesse incomum. Eu recentemente estive de férias e li *O Hobbit* ou algum tipo parecido de livro de ficção. Mesmo me esforçando, não consegui pensar em nenhum outro livro que fosse impressionar mais a banca. Disse a eles o título do livro, meio envergonhada, e fiz um adendo ao fato de que estava de férias quando o li, e "não era nada demais, apenas fantasia."

Eu fiquei com a vaga e, mais tarde, todos me perguntavam em tom jocoso se eu havia conseguido ler a mente dos entrevistadores. Um dos membros da banca me disse que antes de me conhecerem, eles entrevistaram diversos candidatos para a posição. Eles fizeram essa mesma pergunta do livro a todos e cada um respondeu com algum nome de livro intelectualmente desafiador, o que parecia irreal, considerando que os candidatos estavam no meio de um treinamento cirúrgico exaustivo. Pouco antes de eu entrar, eles haviam desejado entre eles que, pelo menos uma vez, um candidato respondesse apenas que o último livro que leu fora nada além de alguma história fantasiosa.

O Hospital do Condado de Los Angeles é parte do sistema USG e proporciona atendimento à população indigente. Durante meu treinamento, cuidei de muitas pessoas que existiam às margens da sociedade, aquelas que estavam encarceradas e outras que estavam apenas tentando fazer sua parte por um mundo melhor para todos. Assim como foram minhas observações nas montanhas do México, estava claro que nada separa essas pessoas, ou qualquer outra, das promessas ou do amor de Deus se elas apenas pedirem para que a porta Dele seja aberta para elas.

Eu certamente aprendi muito durante meu período no USG e uma lição de vida que ainda penso de tempos em tempos veio de uma fonte improvável. O antigo Hospital do Condado de Los Angeles tinha um conjunto central de elevadores atendendo a treze andares em constante atividade. Cada elevador tinha seu próprio ascensorista, que organizava os ocupantes e apertava os botões para os andares requisitados. Os ascensoristas eram geralmente bastante territoriais e afastavam a mão de quem tentasse apertar os botões sozinho. Era um trabalho ingrato, já que todo mundo estava sempre com pressa e nenhum dos jovens médicos, incluindo eu, entendia o porquê de alguém mais ser necessário para apertar os botões.

Havia uma ascensorista que chegava às seis horas da manhã com um enorme sorriso em seu rosto e uma alegria que parecia vir do coração. Ela era como um feixe de luz num prédio escuro e sombrio, e muitos de nós esperávamos mais tempo só para andar em seu elevador. Ela era velha, enrugada e desinstruída. Muitas vezes era tratada com rudeza. Mas nunca deixava nada nem ninguém escurecer seu dia e dividia sua alegria com qualquer um que quisesse recebê-la.

Durante meus anos no USG, criei respeito, admiração e um pouquinho de inveja pela visão de mundo dessa ascensorista. Um dia perguntei a ela como era sempre capaz de manter uma perspectiva tão rosa. Ela me disse que sua alegria e força vinham do Senhor, pois sabia que a única parte de sua vida que podia controlar era sua reação. Sendo assim, escolheu reagir com amor.

Lembrei de seus comentários muitos anos depois quando perguntei a uma das enfermeiras na sala de operação do hospital onde trabalhava, em Wyoming, como ela podia trabalhar para seu supervisor e administrador atuais (os quais estavam tornando a vida bastante difícil para as enfermeiras da sala de operação). Ela me olhou e disse: “Eu não trabalho para eles.” Quando a questionei mais, replicou: “Eu não trabalho para ela (a atual diretora da sala de operação) ou para ele (o administrador do hospital). Trabalho para Deus.”

Argumento feito.

CAPÍTULO 7

DEUS GRITA QUANDO NECESSÁRIO

"A qualquer momento, você tem uma escolha,
Que ou lhe aproxima de seu espírito
Ou o distancia dele."

— Thich Nhat Hanh

No verão de 1991, eu tinha trinta e três anos de idade, um marido, um filho, Willie, e estava prestes a dar a luz a nosso segundo filho, Eliot. Havia completado doze anos de colégio, quatro anos de faculdade, quatro anos de escola de medicina, um ano e meio de treinamento cirúrgico geral, e um ano e meio de treinamento especializado em trauma e cirurgia espinhal. Mentalmente, emocionalmente e profissionalmente – em todos os níveis — eu estava mais que pronta para começar minha vida "real". No contexto de rápida expansão da nossa família, senti que finalmente podia traçar minhas próprias metas e controlar meu futuro. Aceitei uma vaga como diretora de cirurgia espinhal na Universidade do Sul da Califórnia, já que eu adorava ensinar e adorava a complexidade dos casos cirúrgicos que são comuns em um ambiente de universidade.

O ambiente universitário era excitante, estimulante e gratificante ao ego. Meu cargo lá foi inteiramente satisfatório para mim por diversos anos, e parecia que minha vida estava razoavelmente bem equilibrada. Com a ajuda de Dawn, uma agradável babá que morava conosco e cuidava de nossos filhos durante o dia, Bill e eu podíamos exercer nossas carreiras livremente durante a semana. Nossas noites e finais de semana eram completamente voltados para passar o tempo com nossos filhos, e saboreávamos cada minuto. Nós morávamos perto do oceano, então os levávamos bastante à praia ou para velejar. Fizemos churrascos na areia, visitamos os museus e os ensinamos a andar de bicicleta. Os pais de Bill, que moravam perto, nos visitavam com frequência e as crianças os adoravam. Nos finais de semana, costumávamos dirigir horas até nosso chalé nas montanhas ao norte de Los Angeles. Lá, nós andávamos de caiaque, construíamos fortes com as crianças, nadávamos e relaxávamos. Eu diria que estávamos bastante satisfeitos com a maneira com que nossa vida evoluía.

O tempo demandado para ensinar, cuidar de um consultório médico, realizar pesquisas, publicar trabalhos científicos, frequentar reuniões e me locomover mais de duas horas diariamente começou a pesar após vários anos. Em vez de passar meu tempo e energia cultivando meu relacionamento com Deus, meu casamento e encorajando meus filhos, comecei a sentir que meu trabalho tomava a maior parte de meu tempo.

Meus filhos estavam começando a amadurecer e eu não queria ser uma mera observadora a distância. Uma longa viagem até o centro de Los Angeles significava que eu raramente conseguia comparecer às funções escolares diurnas e nunca conseguia comparecer de última hora. Isso também queria dizer que eu tinha muito pouco tempo ou energia para pensar no papel que Deus desempenhava em minha vida e como me encaixava nos planos dele. Havia me comprometido a deixar Deus em primeiro plano na minha vida e sentia que não estava cumprindo isso.

Eu acho que essa é uma realidade comum em pessoas e famílias jovens. Parafraseando o que meu pastor escreveu uma vez: "Somos constantemente bombardeados por aqueles que querem um pedaço de nós; procurando nosso tempo, talentos e energia. Algumas vezes nos cansamos dessas demandas e, em certas horas, sentimos o chamado de Deus em nossas vidas como apenas mais um puxão quando já estamos nos sentindo puxados para trás."

Outra realidade comumente compartilhada, a qual muitas mulheres podem atestar, é a dificuldade de ser uma mãe trabalhadora. Hoje, mulheres ouvem que podem ser qualquer coisa e conquistar tudo, enquanto, simultaneamente, são ótimas esposas, mães e pessoas. As mulheres se convenceram de que podem e devem ser "supermulheres", o que é exatamente o que teriam de ser para conseguir fazer tudo perfeitamente. A realidade é sempre um comprometimento. Há apenas vinte e quatro horas em um dia e todo mundo precisa priorizar suas responsabilidades de trabalho, necessidades familiares e desejos pessoais para que seja possível decidir onde e como fazer sacrifícios. Priorizar apropriadamente esses vários aspectos da vida é desafiador, já que o ponto de equilíbrio está constantemente mudando conforme uma mulher muda de uma fase da vida para outra. Eu acho que é saudável e essencial reavaliar ocasionalmente esse ato de balanceamento e fazer mudanças quando necessário.

No começo de 1993, após dar a luz a nosso terceiro filho, Betsy, comecei a refletir sobre o rumo da minha vida (o que mais há para se fazer durante as longas horas de amamentação noturna?). Eu claramente via a impressão digital de Deus e sua influência em minhas experiências anteriores, como: sobreviver ao acidente de carro quando jovem, meu serviço no México, o incidente mergulhando na caverna, e qualquer outro lugar, e comecei a pensar se estava ou não seguindo o plano de Deus para minha vida. Nós frequentávamos a Igreja Unida Metodista, atraídos por sua crença social e doutrina — que demonstra um comprometimento com a administração do meio ambiente, direitos humanos, justiça e a busca pela paz no mundo —, mas eu não achei que isso fosse suficiente. O bem-estar espiritual de meus filhos era de extrema importância para mim, e queria que eles não só frequentassem os cultos da igreja, como também criassem seus próprios comprometimentos com Deus e experimentassem um relacionamento diário com um Deus vivo.

Percebi que minha vida estava começando a perder o equilíbrio. Estava convencida não só de que se continuasse com a prática acadêmica não conseguiria priorizar minha vida da forma como queria, como o ambiente secular da universidade começou a pesar cada vez mais sobre mim. Não queria só equilíbrio, mas sim que os diversos setores da minha vida estivessem totalmente integrados. Minhas ânsias espirituais não coincidiam com o desejo por ego, poder e/ou dinheiro que a maioria dos outros professores parecia ter. Apesar de me sentir cada vez mais desconexa, achei bem difícil abandonar meu trabalho. Sabia o que esperar naquele ambiente e não sabia se a situação seria diferente ou até melhor em outro lugar. Para mim, assim como para a maioria das pessoas, uma situação familiar, mesmo que desagradável, é muitas vezes mais confortável e fácil de aceitar do que o medo de uma desconhecida.

A posteriori, posso enxergar muitas formas com as quais Deus vinha me chamando e me pedindo para mudar a diretriz da minha vida. Como não escutei, Ele teve que gritar.

Novos cirurgiões começaram a se unir ao departamento de ortopedia e isso resultou num ambiente de trabalho cada vez menos compatível com minha visão para a vida. Um dia em 1996, meu diretor contratou um novo cirurgião para a minha seção do departamento. Eu havia levantado dúvidas quanto às suas qualificações, mas o diretor foi enganado pelos empregadores antigos desse cirurgião. Esse novo cirurgião, que estava beirando a aposentadoria, tinha um currículo impressionante, mas o achei lânguido e maçante. Éramos definitivamente incompatíveis e pus em dúvida minha convivência com ele.

Não muito tempo após sua chegada, passamos férias em família no norte de Michigan. O avô de Bill era um violoncelista profissional que lecionava todo verão na Interlochen Arts Academy, portanto a mãe de Bill havia passado a maioria de seus verões aproveitando essa parte de Michigan. Não surpreendentemente, Bill e seus irmãos também haviam passado seus verões da juventude em Interlochen. Mantendo essa tradição de gerações, Bill, seus pais, nossos filhos e eu viajávamos a Interlochen e tínhamos uma estadia agradável nadando no lago, colhendo mirtilos, rolando as dunas de areia abaixo e compartilhando muitas risadas. Numa tarde, paramos para visitar a Traverse City Pie Company. Era um novo negócio e eu descobri que a dona, Denise, era uma amiga que havia conhecido quando ambas estávamos no colegial. Nós participamos do time de natação e partilhamos da nossa fé Cristã. Bill voltou para o chalé com nossos filhos, deixando Denise e eu passando a tarde conversando e comendo torta. Colocamos as coisas em dia falando sobre muitos assuntos incluindo meu comprometimento com Deus no colegial.

Depois que ela me levou de volta ao chalezinho da minha família, contemplei meu marido amoroso e nossos lindos filhos, incluindo Peter, o quarto filho, que estava apenas começando a se formar em meu útero. Refleti sobre minha conversa com Denise e meus desejos contínuos pela completa integração da minha vida. Até aquele momento, parecia que eu havia pensado e contemplado bastante a respeito de minha espiritualidade, do desejo de colocar Deus e a família no topo da lista de prioridades, e assim por diante, mas não muito em como agir.

Essa parte da história está provavelmente começando a soar familiar. Sabem do que estou falando: pensar sobre algo, se comprometer a mudar, falhar nesse comprometimento, fazer um novo comprometimento para mudar, falhar novamente... e assim por diante, o ciclo continua. Felizmente, para todos nós, Deus é muito, muito paciente. Ele continuará nos chamando, Ele gritará quando necessário e Ele sempre nos receberá de volta com braços amorosos e sem julgamento.

No momento, apesar de ter me sentido como o filho pródigo pedindo por mais uma chance, renovei meu compromisso em viver uma vida centrada em Cristo e em colocar as necessidades da minha família acima da minha carreira. Eu não tinha ideia do que isso significava para mim, até comparecer a uma reunião tediosa dos membros docentes após retornar a Los Angeles.

Ao invés de prestar atenção à agenda monótona, passei esse tempo refletindo sobre cada membro docente presente. Considerando as pessoas na sala, pensei no que eu sabia sobre a vida de cada um. Fora meu diretor, a maioria dos homens era de divorciados, tinha casos, bebia muito ou tinha filhos com muitos problemas. Pensei então na minha vida, e sabia que não queria que meu futuro fosse nesse tipo de ambiente.

Naquela noite, ao tomar minha decisão de deixar a universidade, fui tomada por um misto de luto e alegria. Eu sabia que me arrependeria de deixar meu diretor, já que tinha grande respeito e afeto por ele e não queria desapontá-lo, mas me deixava alegre a ideia de estar livre das amarras do trabalho. O desespero para ir embora era grande e, tomada pela ansiedade, chamei o diretor na manhã seguinte, lhe perguntando o quão logo poderia ser liberada das minhas obrigações.

Deixei a universidade dentro de um mês, juntei-me ao grupo ortopédico do meu marido e fiquei profundamente grata a Deus por gritar comigo quando não ouvia Seu chamado. Olhando para trás, fui capaz de reconhecer a série de eventos e "coincidências" que representaram o chamado insistente e crescente de Deus para que minha decisão fosse tomada.

CAPÍTULO 8

QUEBRANDO OS LAÇOS

"O coração do homem traça o seu caminho,
mas o Senhor lhe dirige os passos."

-Provérbios 16:9 "NVRJ"™

Apesar de Bill ter crescido em Los Angeles, nós nunca planejamos ficar no sul da Califórnia. Vivíamos em Los Angeles para ficarmos perto da família de Bill, mas seus irmãos haviam se mudado recentemente para outros estados e seus pais estavam planejando se aposentar e mudar para o norte. Deixar meu trabalho no USG não só me libertou da medicina acadêmica, como também libertou minha família do último laço restante entre nós e Los Angeles. Eu havia redefinido minhas prioridades pessoais e agora nossa família tinha oportunidade de fazer o mesmo. Bill e eu queríamos nos mudar para algum lugar menor que Los Angeles, onde nossos filhos pudessem estar em contato com a natureza diariamente sem a necessidade de dirigir horas a fio para tal.

Sentamos e fizemos um diagrama de Venn dos lugares onde gostaríamos de morar. Um diagrama de Venn consiste em círculos sobrepostos que representam diferentes grupos. As partes sobrepostas dos círculos representam as características comuns de dois grupos. O diagrama de Venn de nossos locais em potencial para morar parecia com algo mais ou menos assim:

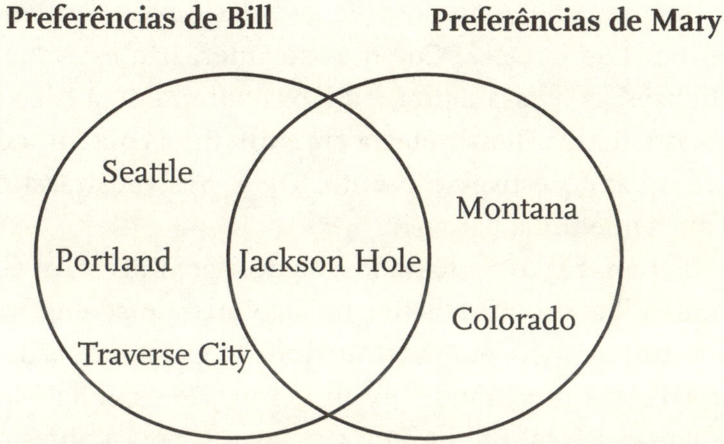

A gente gostava de sair de casa e mantínhamos a forma física andando de bicicleta, caiaque, velejando, acampando, esquiando e praticando muitos outros esportes; então procurávamos por um ambiente que oferecesse boas oportunidades recreativas, ar puro e um clima saudável, no qual pudéssemos criar nossos filhos. Comparando as preferências, descobrimos que a única escolha em comum era Jackson Hole, Wyoming. Jackson Hole é um vale agradável, cercado por montanhas de granito, belos rios, lagos, florestas e uma vida selvagem abundante. Uma área de certa forma rural, com cerca de 20 mil habitantes, que oferece um inverno de classe mundial e esportes de veraneio. Concluímos que ofereceria uma comunidade segura e amável para criarmos nossos filhos. Era também, infelizmente, o tipo de cidade onde não havia muita oportunidade para dois cirurgiões ortopédicos adicionais. Nós olhamos para nosso diagrama de Venn novamente e decidimos permanecer em Los Angeles. Como disse antes, não estávamos infelizes, e, a essa altura, eu havia aprendido a "deixar pra lá e deixar Deus". Havia em mim uma confiança de que, quando estivesse pronto, Deus nos mostraria os planos que tinha para nós.

Semanas após ter tomado essa decisão, Bill estava distraído olhando um boletim médico quando se deparou com um anúncio em Jackson Hole. O grupo ortopédico local estava procurando por um cirurgião espinhal para juntar-se a eles. Bill hesitou apenas um pouco antes de me mostrar o anúncio, ao ter a sensação de que essa ação mudaria nosso futuro. Assim que ele me mostrou, me candidatei para a vaga, fiz entrevista com os parceiros e me ofereceram um emprego. Menos de quatro meses depois, estávamos seguindo para Wyoming, cheios de carros, barcos, crianças e gatos.

Imediatamente nos apaixonamos pela nossa nova comunidade. As pessoas eram dinâmicas, receptivas e motivadoras e as oportunidades de atividades recreativas ao ar livre eram abundantes. Mergulhamos de cabeça em nossa "nova" vida, e tivemos prazer em assistir nossos filhos acolhendo as novas oportunidades. Pouco antes da mudança para Wyoming, Willie, nosso filho mais velho, de nove anos, e Bill, foram a um acampamento de caiaque na Califórnia onde fizeram amizade com o organizador do curso, Tom Long.

Tom e sua esposa, Debbi, haviam crescido no sul da Califórnia, mas mudaram-se para Boise, Idaho, no começo dos anos 1970. Em 1975, eles assumiram a *Cascade Raft* e a *Kayak Company*, no rio Payette. Quando os conhecemos, seus três filhos adolescentes eram remadores impressionantes, obtendo muito sucesso no nível internacional. Kenneth e Chad competiram juntos em corridas C-2 (corridas de águas claras e slalom, em uma canoa fechada, para duas pessoas), enquanto Tren competia individualmente em um caiaque fechado. Para que os garotos pudessem ter acesso a oportunidades de treinos invernais, os Longs começaram a passar invernos andando de caiaque na América do Sul nos rios do Chile. Como forma de diminuir os custos desse estilo de vida, eles começaram a organizar viagens aos rios chilenos para os clientes americanos.

Na medida em que o relacionamento com os Long foi se aprofundando, Bill e eu passamos mais tempo falando sobre ir ao Chile com eles. Tínhamos muito carinho por toda a família Long e aproveitávamos muito o tempo que passávamos com eles remando no Rio Payette. No verão de 1998, finalmente achei que as crianças já estavam grandes o suficiente para que pudéssemos sair do país sem elas. Decidi, então, levar Bill para andar de caiaque na América do Sul como um presente especial por seu aniversário em janeiro.

CAPÍTULO 9

UMA AVENTURA NO CHILE

"Além disso, nenhum homem sabe quando sua hora chegará."

— Eclesiastes 9:12 (NVI)

Em janeiro de 1999, Bill e eu deixamos nossos filhos sob os cuidados da babá e voamos do maravilhoso inverno de Wyoming para o delicioso verão chileno. Era a primeira viagem que fazíamos "a sós" desde o nascimento de Peter e estávamos ansiosos por uma aventura incrível. Pousamos em Temuco, que fica a umas sete horas ao sul de Santiago e a uma hora ao norte de nosso destino, Pucón.

Pucón é uma cidade de resorts às margens do profundo e belo Lago Villarica, prosperando à sombra do vulcão Villarica, de mais de 2.800 metros de altura. Fica no coração da IX Região do Chile, o Distrito do Lago. Essa região é recheada de múltiplos vulcões cobertos de gelo, provendo água clara e gelada aos muitos rios que formam esses belos lagos.

Ficamos numa casa alugada com os Longs que, naquela época, consistiam em: Tom e Debbi; Keneth, seu filho de vinte anos de idade, e a mulher dele, Anne; Chad, o filho de dezoito anos; e Tren, o caçula, de dezesseis anos.

Passamos uma semana muito agradável com Tom, andando de caiaque pelos rios e brincando nas águas claras do sul do Chile. Bill e eu já éramos competentes com o caiaque, mas continuamos a aprimorar nossa esquimotagem, as habilidades em canoagem em águas abruptas, e remamos por inúmeras – tanto cênicas quanto desafiadoras – cascatas. Também praticamos o espanhol, absorvemos a cultura maravilhosa e aproveitamos o lago, a cidade e o cenário primorosos. As noites eram passadas conversando em volta de uma fogueira após uma ida à cidade para tomar sorvete. O tempo lá foi extremamente relaxante, e a única coisa que nos deixou tristes foi perceber que o fim da viagem estava se aproximando cada vez mais.

Começamos a fazer planos para nosso último dia de canoagem, que deveria ser no Rio Fuy com Tom, Kenneth, Chad, vários americanos, com os quais nunca havíamos andado de caiaque, e um jovem chileno que estava trabalhando para os Longs naquele verão.

O Fuy é um rio na região sul chilena de Los Ríos que deságua da região final, ao norte do lago Pirihueico, e segue pelo sopé norte do vulcão Choshuenco antes de juntar-se ao rio Neltume, para formar o rio Llanquihue, o qual esvazia no lago glacial Panguipulli. Bill e eu somos canoeiros experientes e já remamos muitos rios desafiadores nos Estados Unidos, então estávamos esperando ansiosamente a nossa descida pela seção superior do Fuy, conhecido pela beleza tropical e por uma série de cachoeiras desafiadoras – quedas de três a seis metros –, tornando-as excitantes, mas bem dentro de nossas habilidades de remo.

Primeiramente dirigimos até a pequena vila de Choshuenco (população: 625), perto das margens do Panguipulli, e então adiante para o ponto de entrada do rio. Essa era uma área remota, de população muito esparsa, floresta densa e sem desenvolvimento. Uma vez no rio, não haveria opção de parar de remar ou sair dele. Mas quando Bill acordou naquela manhã com uma dor considerável nas costas decidiu não canoar.

Apesar de estar fazendo um dia típico chileno, ensolarado e quente, o pressentimento a respeito da viagem não era bom. Não sou uma pessoa muito social, então presumi que deveria ser apenas minha esquisitice subjacente e desconforto por estar num grupo de pessoas novas. Retrospectivamente, Anne também estava com uma grande sensação de desconforto. Ela não tinha certeza do porquê se sentia assim. Na hora, achou que deveria ser um incômodo por não ser familiarizada com esse rio e porque estávamos entrando nele mais tarde do que planejamos; ou talvez por ser um grupo de pessoas que não tinham canoado juntas antes. Independentemente da razão, ela sentiu um estresse generalizado.

Bill nos deixou na entrada, onde nos encontramos com os outros americanos, e foram feitas piadas sobre a facilidade em me visualizar, pois eu estava usando uma blusa de lycra do meu marido de um tom de vermelho bem forte ao invés de uma blusa de cor mais discreta para remar. Havia uma ansiedade a respeito das cascatas previstas e a possibilidade de os remadores realizarem pousos retos na água, e isso causar uma coluna quebrada. Então houve comentários sobre estarmos em boa companhia, já que eu sou uma cirurgiã de espinhas. Enquanto entrávamos no rio, Chad gritou para meu marido, e disse: "Nós vamos trazer sua esposa de volta, e ela não estará nem um centímetro mais baixa" (jocosamente implicando que eu não comprimiria minha espinha dorsal com nenhuma aterrissagem reta). Bill foi embora na caminhonete, pretendendo encontrar um local ensolarado para passar o dia lendo. Ele planejava nos encontrar no ponto de saída do rio mais tarde naquele dia.

Conforme nosso grupo iniciava a descida pelo rio, não parecia haver nenhuma ordem clara de posição entre os remadores; mas tentei ficar o mais longe possível de uma remadora em especial, que parecia ter habilidades limitadas, nenhum senso de limites e fazia eu me sentir muito apreensiva. Mesmo assim, ignorei essa apreensão, já que estava fazendo uma tarde linda e as cascatas que viriam pela frente me deixavam excitada com a canoagem.

Nos aproximamos da primeira queda significante não muito depois de entrarmos no rio e paramos num turbilhão (uma área de águas lentas que geralmente flui abaixo de uma pedra ou perto da margem) para discutirmos como desceríamos. Havia um canal mais estreito do lado direito do rio e um canal principal mais largo à esquerda. Decidimos descer pelo mais estreito, já que era mais previsível e mais direto. A queda principal tinha uma quantidade tremenda de fluxo, com uma queda íngreme e uma enorme hidráulica no fundo.

A remadora número um remava em direção ao curso do rio corretamente, mas se aproximou com muito ângulo e seu bote e ela ficaram alojados de lado entre as duas grandes rochas que flanqueavam a queda. Apesar de seu bote estar preso, ela conseguiu sair de dentro e o empurrou para a piscina de águas calmas abaixo da queda. Eu já havia saído do turbilhão e não fui capaz de parar meu movimento para frente quando vi seu bote bloqueando nossa rota escolhida; então remei para a esquerda.

Conforme eu seguia adiante, a remadora que eu vinha tentando evitar e que estava atrás de mim foi ejetada do turbilhão acima e saltou em minha frente. Ela saracoteou um pouco antes de descer pelo canal principal de costas. Sem que eu percebesse, seu bote ficou alojado nas rochas abaixo da turbulência da queda principal. Ela foi capaz de sair de seu bote e nadar até uma pedra no meio da piscina abaixo. Eu não sabia do seu apuro e tinha poucas opções, portanto continuei remando.

Assim que cheguei à crista da queda, não vi mais nada além de problemas. Sabia que eu teria um problema. Um grande problema. Havia um volume tremendo de água fluindo por esse canal, fazendo com que a água no fundo fosse caótica e violenta. Vi uma grande hidráulica formada pela agitação das ondas e tentei sair. Respirei bem fundo e desci em direção à queda e ao que seria uma aventura e tanto.

Apesar do volume e do poder da água que caía, o bote dela impedia qualquer esperança de realizar uma saída pura. Conforme meu bote disparava abaixo, a frente tombou no outro bote e ficou preso entre ele e as rochas emergidas da cachoeira. A água imediatamente tragou a mim, meu bote, e o bote que já estava preso ali. Sentei reta em meu bote, mas a água estava fluindo por cima de mim. Meu bote e eu ficamos essencialmente enterrados embaixo da água que caía e do outro bote. A força da água era tão grande que eu me sentia como uma boneca de pano. Meu corpo foi forçado contra a parte frontal do meu bote, com meus braços sendo impotentemente puxados rio abaixo.

Anne remou pelo canal à direita, bateu no bote preso até ele se soltar e continuou até a piscina abaixo. Chad desceu pela via principal. A água estava tão densa que ele não avistou ou sentiu nada enquanto remava queda abaixo e passava ao lado dos dois botes – e eu – que estavam submersos no fundo.

Conforme Chad e Anne entravam na piscina abaixo, eles notaram a remadora número um nadando na água e facilmente localizaram seu bote, que havia sido desalojado do canal da direita. Eles ficaram surpresos ao verem uma segunda nadadora (essa era a remadora cujo bote estava em cima de mim), mas não puderam imediatamente localizar seu bote. Chad rapidamente foi até um turbilhão para avaliar a situação. Ele podia ver a remadora número um. Seu bote havia sido desalojado por Anne, e foi facilmente localizado no banco do rio. Ele também podia ver a remadora número dois sentada em uma pedra no meio do rio, mas não conseguia imediatamente localizar seu bote. Finalmente, ele viu de relance seu bote vermelho no fundo do canal principal.

Era difícil para Anne e Chad contabilizar todos nós, já que, a essa altura, nosso grupo estava dividido: alguns estavam debaixo da queda e alguns ainda acima. Levou vários minutos e algumas contas de cabeça até que Anne estivesse firmemente convencida de que eu e meu bote estávamos desaparecidos. Familiarizada com situações de emergência, ela começou a busca.

CAPÍTULO 10
MORTE NO RIO

"Ainda que eu ande pelo vale
da sombra da morte, não temerei mal nenhum.
Porque tu estás comigo;
O teu bordão e o teu cajado me consolam."

— Salmos 23:4 (NVI)

Uma pessoa remando num caiaque de águas claras é mantida nele por uma combinação do saiote e do encaixe estreito entre seu corpo e a embarcação. Um saiote é um pedaço de neoprene que envolve a cintura do remador, se estende pelo deque do bote e forma um encaixe estreito em volta da abertura para manter a água fora do bote. Uma tira de tecido conhecida como um "agarra-laço" é costurado na parte dianteira do saiote, onde envolve a abertura. Quando é necessário sair do bote, o remador pode puxar o agarra-laço para liberar o saiote da abertura do bote, deixando assim que este use suas pernas para então sair dali.

Quando percebi que estava presa na queda, não entrei em pânico e nem lutei, mas tentei desesperadamente sair do bote usando algumas técnicas padrão.

Eu repetida e energicamente tentava alcançar o agarra-laço do meu saiote, mas o poder da água forçando meus braços para baixo era muito grande e as tentativas eram patéticas. Tentei empurrar os apetrechos dos pés; tentei sacudir o barco; pensei na minha família e desesperadamente tentei levantar minha cabeça para fora d'água em busca de ar. Rapidamente me dei conta de que não estava no controle do meu futuro.

Deus havia me salvado mais de uma vez no passado, então, novamente, me voltei para Ele e pedi por intervenção. Não pedi por resgate. Sabia que Ele me amava e tinha um plano para mim. Pedi apenas para que Sua vontade fosse feita. No momento em que me voltei a Ele, fui tomada por uma sensação de calma, paz; e pela sensação física de ser segurada nos braços de alguém, enquanto era afagada e confortada. Eu me senti como imagino que um bebê deva se sentir quando está sendo carinhosamente acariciado e embalado no seio de sua mãe. Eu também "experienciei" uma certeza absoluta de que tudo ficaria bem, independentemente do desfecho.

Eu pensei em meu marido e meus filhos, nos Longs e na minha vida na Terra; pensei no meu relacionamento com Deus. Eu estava grata por Ele estar me segurando, e contemplava a intensidade corporal desse sentimento. Eu facilmente me recordei de um poema esquecido há tempos, que ficava pendurado na parede da casa de uma amiga de infância. Eu tinha lido inconscientemente todas as vezes que entrara na casa dela e agora entendia suas palavras. O poema era "Pegadas na

Areia" de Carolyn Joyce Carty. Após isso, comprei cópias emolduradas que estão penduradas na parede de casa e do escritório. Eu continuo lendo estas palavras quase todos os dias:

> Uma noite um homem teve um sonho.
> Ele sonhou que estava andando pela praia com o Senhor.
>
> Cenas de sua vida piscaram pelo céu
> E ele notou dois pares de pegadas na areia,
> Um pertencente a ele e o outro ao Senhor.
>
> Quando a última cena de sua vida havia piscado diante dele,
> Ele se lembrou de que nas épocas mais tristes e baixas de sua vida
> Havia apenas um par de pegadas.
>
> Consternado, ele perguntou: "Senhor, você disse que uma vez que eu
> Decidisse segui-lo,
> Você andaria comigo o caminho todo.
> Eu nao entendo por quê você me deixaria,
> Quando mais precisei de você."
>
> O Senhor replicou: "Meu precioso filho.
> Eu o amo e nunca o deixaria.

Durante seus tempos de provação e sofrimento,
Quando você viu apenas um par de pegadas...

Foi quando lhe carreguei."

Apesar de sentir que Deus estava presente e me segurando, ainda estava inteiramente consciente do meu apuro e do que estava acontecendo ao redor de mim. Podia sentir a corrente puxando e empurrando meu corpo; sentir a pressão da água. Eu não podia ver nem ouvir nada, mas estava perfeitamente ciente de tudo o que acontecia à minha volta e dentro de mim. Eu estava confortável, calma e contemplava a presença de Deus.

Quando senti que não conseguiria mais respirar, presumi que iria morrer. Meus pensamentos se voltaram para meu marido e filhos, e conforme eu ponderava o que seria deles sem minha presença, como esposa e mãe, ficava profunda e extremamente tranquila de que eles ficariam bem; mesmo se eu morresse.

Conforme esperava debaixo d'água, pensei sobre minha vida e a analisei; seu curso, minhas escolhas, minhas alegrias e meus arrependimentos. Pensei sobre tudo. Eventualmente, refleti sobre o quanto estava entediada; cansada de pensar e de esperar; pronta para seguir com a jornada, qualquer que fosse ela. Com a certeza de que tudo ficaria bem, independentemente dos acontecimentos, me peguei sem paciência, desejando que Deus se "apressasse".

CAPÍTULO 11

MEU RESGATE

"Para os homens é impossível;
Contudo, não para Deus,
Porque para Deus tudo é possível."

— Marcos 10:27 (NVI)

Enquanto eu estava experimentando consolo, paz e tédio profundos, meus outros companheiros não estavam tão tranquilos. Quando Chad notou que eu estava desaparecida, procurou freneticamente pelo meu bote. Ele saiu de seu bote e começou a se mover rapidamente contra a corrente. Tom estava à procura de botes quando avistou seu filho pulando sobre uma pedra. Ele gritou para Chad, apenas para ser informado de que havia um bote preso e eu e meu bote estávamos sumidos. Tom foi insistente, dizendo: "Meninos, vocês têm de achá-la!"

Conforme Chad se aproximou da beirada da rocha de cima, perto do canal principal, avistou o que pensava ser o vermelho de meu capacete. Chamou a todos e, dentro de um minuto, Tom, Chad e Kenneth também estavam observando a situação do mesmo local. Eles podiam ver meu capacete, mas, entre eu e a beirada na qual eles estavam, havia mais ou menos um metro e pouco de uma corrente profunda e forte. A água estava muito forte e rápida para qualquer um entrar, e a vala era muito larga para atravessar. Era um exemplo clássico da frase "tão perto, mas tão longe".

Chad segurou Tom, o qual tentava curvar-se através da vala. Tom então tentou pular a vala para agarrar meu bote. Ele obteve sucesso apenas em ser empurrado para baixo do meu bote e cair na piscina.

De novo e de novo eles falharam em suas tentativas de me alcançar, e cada tentativa trouxe um aumento de gritos e da sensação crescente de desespero e desânimo. Nada parecia estar funcionando. Tom descreve todos em nosso grupo, incluindo Chad e Kenneth, como estando em estado de "terror trágico".

Anne e os outros canoeiros sentaram-se na piscina, consumidos pelo sentimento de total impotência e desesperança. Os Longs são bem versados e bastante experientes com resgates em corredeiras, mas esse era diferente. Não apenas era eu, sua amiga, que estava em perigo, como eles pareciam não estar fazendo progressos aparentes rumo a um resgate bem-sucedido. Nada do que faziam parecia funcionar. O tempo parecia se curvar e permanecer parado.

Quando Tom emergiu após mais uma tentativa fracassada de me alcançar, ele ouviu Chad gritando "Rápido, rápido". Haviam se passado minutos preciosos e eles eram bem conscientes da importância da rapidez. Começava a parecer mais a recuperação de um corpo em vez de um resgate. Os meninos tentaram pensar em algo que pudesse ajudar, incluindo meios de divergir a água para que pudessem alcançar meu bote. Conforme Tom se aproximava do desespero total, ele escalou novamente a pedra e sentiu a total mudança de cena. A situação parecia mudar, como um interruptor sendo clicado.

Ele sentiu que eles haviam passado cinco ou mais minutos imitando os guardas de Keystone, e de repente era diferente; sentiu a atmosfera mudar e sentiu a proximidade física de Deus. Tom teve o sentimento distinto de que Deus estava dizendo a eles: "Vocês são patéticos. Nada do que estão fazendo parece funcionar, então é melhor eu me envolver." Tom sentiu como se o tempo mudasse e Deus estivesse tomando o controle. Tentando expressar isso a Chad, Tom disse: "Isso tem que ser sobrenatural." Chad pensou que seu pai se referia à seus esforços, que precisariam ser sobrenaturais, então ele assegurou Tom de que ele estava tentando o máximo possível. Tom disse a ele: "Não, não é isso. Eu quis dizer que isso realmente deve ser sobrenatural."

Coisas começaram a acontecer.

Eles olharam para baixo e de repente uma pedra seca apareceu no meio do fluxo da água que os separava de mim. Foram capazes de pisar nessa pedra e usá-la como plataforma, na qual eles conseguiam alcançar meu bote. Chad então foi capaz de escarranchar as pedras e seguramente agarrar meu bote. Ele tinha uma passada sólida e estava puxando corrente acima. Era um jovem e forte atleta, campeão mundial, e tudo estava direcionado para o sucesso. Ele pensou consigo mesmo: "Agora será a hora em que a força sobre-humana vai baixar, como a mulher que de repente é capaz de levantar um carro de cima de seu filho."

Ele puxou com toda a sua força, com a certeza absoluta de que obteria sucesso. Nada aconteceu. Ele sentiu que se alguma coisa fosse funcionar, essa seria a hora em que teria funcionado. Não funcionou. Chad sentiu-se totalmente insuficiente e sentiu que ele, e eles, haviam falhado comigo. Kenneth disse que eles tentaram de novo e de novo mover meu bote, mas estava preso – realmente preso.

Kenneth, Chad e Tom sentiram-se totalmente impotentes com a percepção de que eles não conseguiam mover meu bote. Cada um deles notou que apenas a intervenção de Deus faria a diferença e, conforme eles alcançaram meu barco mais uma vez, Tom descreve ter sentido uma "explosão sônica sem o som". Meu bote rolou um pouco e de repente Chad estava na água.

Durante essa "explosão sônica", meu bote virou moderadamente, movendo meu corpo mais inteiramente para a corrente. A força dessa corrente arrancou meu colete salva-vidas e capacete, e então me sugou para fora do meu bote e rio abaixo.

Ninguém me viu sair do bote, mas Chad viu de relance algo vermelho indo correnteza abaixo. Ele pensou que era meu colete salva-vidas e tristemente imaginou que deveria recuperá-lo para minha família. Ele mergulhou e o agarrou , fazendo-o pular para a superfície. Enquanto segurava meu colete vazio, sentiu meu corpo trombar nas suas pernas. Ele nem sabia que eu estava ali. Mas depois se curvou diante da água, agarrou meu pulso e segurou firmemente.

Anne, ainda em seu bote, remou até lá para ajudá-lo a levar meu corpo – roxo, inchado e sedento por oxigênio – para a margem. Meus olhos estavam desprovidos de vida.

Os Longs dão cursos de resgate aquático, portanto eles costumam ser as primeiras pessoas chamadas para a cena de um acidente no rio Payette. O meu não seria o primeiro corpo que eles recuperaram de um rio, mas Chad estava devastado. Mais tarde, ele me contou que isso foi porque havia "assistido alguém que eu amo morrer", e sentido que eles haviam falhado completamente comigo. Tom disse que o clima era "esmagador – como estar no meio de um grande triturador de carros".

Eles arrastaram meu corpo para a borda de pedras do rio, onde Tom, Chad e Kenneth começaram sistematicamente a seguir os passos padrões de avaliação e ressuscitação. De onze a quartorze minutos se passaram desde que Anne havia iniciado seu relógio, e o clima era sombrio durante o trabalho de ressuscitação. As tensões aumentaram quando uma mulher insistiu que eles não deveriam me reviver, já que "ela será apenas um vegetal", e outro canoeiro queria filmar todo o acontecimento.

Um dos ensinamentos comuns da ressuscitação é a necessidade de se desprender emocionalmente do indivíduo sendo ressuscitado e focar inteiramente nos protocolos do procedimento até que o indivíduo seja reavivado ou constatado morto.

Contrariamente a seus ensinamentos e experiência, Tom, Kenneth e Chad nunca foram capazes de se desprender do fato de que era eu, amiga deles, que estava sendo ressuscitada. Conforme eles seguiam pelos procedimentos, rezavam continuamente pela minha volta e continuavam a me chamar, "Mary, você não pode nos deixar. Sabemos que você está aqui. Volte. Por favor, respire", de novo e de novo. No entanto, sentiram que o tempo havia parado.

Quando finalmente dei uma enorme e repentina respirada, eles não tinham certeza se era uma respiração de recuperação ou de agonia, do tipo que vem próxima da morte. Quando a primeira respirada não foi imediatamente seguida de uma segunda, eles me chamaram mais uma vez e suplicaram para que eu respirasse novamente. Segui aquele chamado repetitivo com outra única, trabalhosa respirada e parei. Eles retomaram seu chamado e novamente respondi com uma única e rápida respirada. Esse padrão continuou de novo e de novo.

Cada vez que eu tomava ar, suas emoções ascendiam para "claridade total". Cada vez que eu parava, eles afundavam em "escuridão total". Cada suspiro retornava seu senso de tempo ao "normal". Cada vez que eu parava, o tempo parava para eles.

Ocasionalmente, entre esses suspiros infrequentes, eu soltava um grito sinistro, lamurioso e incomum. Dava a eles a impressão de que eu pensava ainda estar presa, e era de arrancar o coração. Eles continuaram a me suplicar e a rezar. Após o que pareceu ser uma eternidade, comecei a respirar mais regularmente e o tempo retornou ao "normal".

CAPÍTULO 12
VOLTANDO PARA CASA

"Porque eu estou bem certo de que nem a morte,
Nem a vida, nem os anjos, nem os principados,
nem as coisas do presente,
Nem do porvir, nem os poderes, nem a altura,
nem a profundidade,
Nem qualquer outra criatura poderá
separar-nos do amor de Deus,
Que está em Cristo Jesus, nosso Senhor."

— Romanos 8:38-39 (TNV)

A corrente estava forte e vagarosamente puxou meu capacete e meu colete salva-vidas antes de tentar tomar meu bote. Enquanto ainda estava no bote, estava sentada com as pernas esticadas à minha frente sob a parte dianteira da abertura. Eu estava curvada para frente na minha cintura e meu corpo e braços estavam jogados em cima da dianteira do bote, pressionados pela força da água. Eu estava olhando para baixo e conforme a corrente trabalhou para puxar meu corpo do bote, fui forçada a me curvar para a beirada dianteira da abertura. Esse não era um problema para os meus quadris, que normalmente se envergam naquela direção, mas meus joelhos foram forçados a dobrar contra eles próprios para poder libertar meu corpo.

Era um processo relativamente lento, durante o qual eu estava consciente, alerta e totalmente por dentro do que estava acontecendo. Soa bastante mórbido mas, como ortopedista, fiquei intrigada conforme senti os ossos dos meus joelhos quebrarem e meus ligamentos se romperem. Tentei analisar as sensações e considerar quais estruturas estariam envolvidas.

Eu parecia não sentir dor, mas imaginava se estava gritando sem saber. Fiz uma rápida auto-avaliação e decidi que não, eu não estava gritando e realmente não estava sentindo nenhuma dor. Eu me senti curiosamente feliz. Essa é uma constatação bastante notável já que sempre morri de medo de me afogar.

Enquanto meu corpo estava sendo lentamente sugado para fora do meu bote, senti como se minha alma estivesse lentamente escapando do meu corpo. Eu finalmente senti meu corpo livre do bote e comecei a cair com a corrente. Essa foi a última sensação física que eu tive em relação ao meu corpo. Eu não me lembro de vir raspando pelo fundo do rio, trombar em Chad ou ser puxada para a borda do rio.

No momento em que meu corpo foi libertado e começou a cair, senti um "estouro". Senti como se finalmente tivesse me sacudido para fora da minha pesada camada exterior, libertando minha alma. Eu subi e fui para fora do rio, e quando minha alma atravessou a superfície da água, encontrei um grupo de quinze a vinte almas (espíritos humanos enviados por Deus) que me cumprimentaram com a maior alegria que eu já experimentei e poderia imaginar. Era alegria em um nível de pureza inalterado. Eram como um grande comitê de boas-vindas ou uma grande nuvem de testemunhas como descrito em *Hebreus 12:1 (ESV)*: "Portanto, já que estamos cercados por uma grande nuvem de testemunhas... e deixem-nos correr com resistência a corrida que está disposta perante nós." Esse comitê de boas-vindas parecia estar torcendo fervorosamente por mim conforme eu me aproximava da "linha de chegada".

Mesmo sem conseguir identificar cada ser espiritual especificamente por nome (por exemplo, como Paul, meu falecido avô, Sra. Sivits, minha antiga babá, Steven, meu vizinho, ou outros indivíduos como esses), eu conhecia cada um deles bem, sabia que eles eram de Deus, e sabia que os conhecia há uma eternidade. Eu era uma parte deles, e eu sabia que eles haviam sido enviados para me guiar através da divisão de tempo e dimensão que separa nosso mundo do de Deus. Eu também tive a sensação implícita de que eles haviam sido enviados não apenas para me cumprimentar e me guiar, mas também para me proteger durante minha jornada.

Eles apareciam como formas moldadas, mas não com as absolutas e nítidas linhas dos corpos físicos que temos na Terra. Seus limites eram embaçadas, como se cada ser espiritual fosse deslumbrante e radiante. Sua presença tragava todos os meus sentidos, já que eu pensava poder ver, ouvir, sentir, cheirar e provar todos eles de uma vez. Seu brilho era ao mesmo tempo ofuscante e revigorante. Nós não falávamos usando nossas bocas, mas facilmente nos comunicávamos de uma forma muito pura. Nós comunicávamos simultaneamente nossos pensamentos e emoções e entendíamos uns aos outros perfeitamente mesmo que não estivéssemos usando idioma.

A palavra de Deus certamente não está limitada a uma linguagem e ganhei um novo entendimento sobre a descrição bíblica do Pentecostes. Naquela história do *Atos 2:5-11 (NIV)*, está escrito; "Judeus de todas as nações ficariam em Jerusalém. De repente, um som veio do céu e o Espírito Santo começou a falar. Os Judeus e os visitantes ouviram declarações sobre as maravilhas de Deus e eles estavam surpresos, confusos e perplexos pois cada indivíduo ouviu as declarações em sua língua nativa." Agora entendo completamente como isso poderia acontecer: Deus não precisa de linguagem verbal para comunicação.

Minha chegada foi alegremente celebrada e um sentimento de amor absoluto era palpável conforme esses seres espirituais e eu nos abraçávamos, dançávamos e nos cumprimentávamos. A intensidade, pureza e profundidade desses sentimentos e sensações foram muito maiores do que eu jamais poderia descrever com palavras. E muito maiores do que qualquer coisa que eu já tenha experimentado na Terra.

Não me levem a mal. Fui muito abençoada na vida e experimentei grande alegria e amor na Terra. Eu amo meu marido e cada um dos meus filhos com uma intensidade enorme, e esse amor é recíproco. Só que o mundo de Deus é exponencialmente mais colorido e intenso. Foi como se eu estivesse experimentando uma explosão de amor e alegria em sua absoluta e não adulterada essência. A única coisa terrena com a qual eu posso começar a comparar essa diferença é a televisão; quando você compara imagens na tela de uma antiga televisão de tubos com as de uma nova televisão de alta definição, as imagens em HD são quase que doloridamente frescas e claras em seu brilho e claridade relativos.

De qualquer forma, é impossível, para mim, descrever adequadamente o que vi e senti. Quando tento recontar minhas experiências agora, a descrição parece muito pálida. Eu sinto como se estivesse tentando explicar uma experiência tridimensional enquanto vivo em um mundo bidimensional. As palavras, descrições e conceitos apropriados nem mesmo existem em nossa linguagem atual. Subsequentemente, eu li os relatos de quase morte de outras pessoas e sua retratação do céu, e eu sou capaz de enxergar as mesmas limitações em suas descrições e vocabulário que eu encontro nas minhas.

No relato de Ned Dougherty de sua experiência de quase morte no livro *Fast Lane To Heaven* (Hampton Roads, 2002), ele escreve "De repente, eu estava envolto por essa luz dourada brilhante. A luz era mais brilhante do que a luz que emana do Sol, muito mais poderosa e radiante que o próprio Sol. No entanto, não fui cegado nem queimado por ela. Ao invés disso, a luz era uma fonte de energia que abraçou meu ser." A descrição dele, assim com a minha, provavelmente soa sem sentido para qualquer um que não tenha compartilhado desse tipo de experiência, mas é realmente muito precisa.

Até escritores da Bíblia tiveram dificuldades em descrever seus encontros com os anjos de Deus. Matheus descreveu seu encontro com um anjo do Senhor dessa forma: "Seu rosto se mostrou como relâmpago, e suas roupas eram brancas como a neve" *(Matheus 28:3, NLT)*. Daniel escreveu: "Eu olhei para cima e vi um homem vestido em roupa de linho; com um cinto de ouro puro envolta de sua cintura. Seu corpo parecia uma gema preciosa. Seu rosto piscou como relâmpago e seus olhos ardiam como tochas. Seus braços e pés brilhavam como bronze polido; e sua voz rugiu como uma vasta multidão de pessoas" *(Daniel 10, NLT)*.

Meus companheiros e eu começamos a deslizar sobre um caminho, e eu sabia que estava indo para casa. Minha morada eterna. Estávamos retornando para Deus e estávamos todos muito excitados. Eles mal podiam conter seu entusiasmo desenfreado e estavam ansiosos para anunciar meu retorno, celebrando-o com todos os habitantes do céu. Na medida em que estava bebendo, encantada, e regozijando com meus companheiros, vi de relance a cena na borda do rio. Meu corpo parecia a casca de uma velha e confortável amiga e eu senti uma grande compaixão e gratidão pelo seu uso.

Eu olhei para Tom e seus filhos, e eles pareciam tão terrivelmente tristes e vulneráveis. Ouvi todos me chamando e suplicando para eu respirar. Eu os amava e não queria que ficassem tristes. Pedi a meus companheiros que me esperassem enquanto eu voltava ao meu corpo, me deitava e dava um suspiro. Imaginando que seria o suficiente, deixei meu corpo e retomei minha viagem para casa.

Nós estávamos viajando por um caminho que levava a um grande e brilhante corredor, maior e mais belo do que qualquer coisa que eu possa conceber ter visto na Terra. Estava radiando um brilho de todas as cores e belezas. Eu acredito que quando pessoas com experiências de quase morte descrevem "ter visto a luz branca" ou "andado em direção à luz branca", talvez elas estejam descrevendo seu movimento em direção ao brilho desse corredor. Nosso vocabulário apenas não é rico o suficiente para descrever a experiência de uma forma que seja compreensível. Talvez seja por isso que Jesus falava com frequência em parábolas.

Senti minha alma sendo puxada em direção à entrada e, conforme me aproximei, absorvi fisicamente seu brilho e senti o puro, completo, incondicional e absoluto amor que emanava do corredor. Era a coisa mais linda e atraente que jamais havia visto ou experimentado. Eu sabia com profunda certeza que ele representava o último ramo de vida, o portão através do qual cada ser humano deve passar. Estava claro que esse corredor era o lugar onde cada um de nós tinha a oportunidade de rever nossas vidas e nossas escolhas, e onde era dada a cada um de nós a oportunidade de escolher Deus ou voltar – para a eternidade. Eu me senti pronta para entrar no corredor, e estava repleta de um intenso anseio para me unir a Deus.

Havia um obstáculo notável na minha reunião: Tom Long e seus garotos continuavam acenando para mim.

Cada vez que me imploravam para voltar e respirar, me sentia compelida a voltar ao meu corpo e dar mais um suspiro antes de retomar minha jornada. Isso se tornou cansativo, e fiquei bastante irritada com seus chamados repetitivos. Eu sabia que eles não entendiam o que estava acontecendo, mas eu estava incomodada por não me deixarem ir. Tal qual a irritação que um pai sente quando seu filho pequeno fica pedindo por mais coisas antes de ir para a cama: uma história, um copo d'água, a luz acesa, a luz apagada, as cobertas arrumadas, outro beijo, e assim por diante.

Chegamos à entrada do corredor e eu pude ver muitos espíritos se movimentando para dentro. Todos eles se voltaram para nos olhar quando começamos a entrar, transmitindo grande compaixão e amor. Antes de entrarmos, no entanto, um sentimento opressivo de luto e tristeza recaiu sobre meus companheiros espirituais e a atmosfera se tornou pesada. Eles se voltaram para mim e me disseram que não era minha hora de entrar no corredor; eu não havia completado minha jornada na Terra, tinha mais trabalho a fazer e precisava retornar ao meu corpo. Eu protestei, mas eles me deram diversas razões para meu retorno, e me disseram que logo eu receberia mais informações.

Compartilhamos nossa tristeza enquanto eles me devolviam à borda do rio. Eu me sentei em meu corpo e dei a esses seres divinos, essas pessoas que vieram para me guiar, proteger e torcer por mim, um último e longo olhar antes de me deitar e me unir novamente ao meu corpo.

CAPÍTULO 13

ANJOS À BEIRA-RIO

"Qualquer um que não acredite em milagres
Não é um realista."

— David Ben-Gurion

Eu tomei consciência de meu corpo e abri meus olhos para ver os rostos dos Longs me olhando. Parecia haver uma sensação de alívio e excitação tão logo Tom e Kenneth começaram a dizer aos outros o que fazer por mim. Eles arrumaram um caiaque para me levantar e levaram meu corpo para cima dele. A borda de pedras do rio era um adjacente de uma floresta extremamente espessa de bambus. A inclinação da encosta era muito íngreme e parecia ser intransponível.

Conforme os Longs consideravam suas opções, diversos homens chilenos se materializaram do nada. Dois deles ajudaram a erguer e começaram a transportar o bote no qual eu estava segura, e os outros começaram a abrir caminho em meio ao bambu. Nenhuma palavra foi dita a eles ou por eles; eles apenas sabiam o que fazer. Era lento atravessar a floresta, e eu ora perdia, ora recuperava a consciência. Kenneth sempre foi repleto de qualidades típicas de um filho mais velho, e sua motivação empurrava todos os outros. Apesar de suas fadigas crescentes, ninguém pararia a não ser que ele parasse.

Durante meus intervalos intermitentes de consciência, eu conscientemente soltava instruções para que eles me dessem esteroides; sabia que não podia mexer minhas pernas e, como cirurgiã espinhal, presumi que havia quebrado minhas costas e machucado minha coluna vertebral. Se fosse esse o caso, a administração oportuna de esteroides podia diminuir meu grau de paralisia. Isso parecia incoerente a todos, mas era difícil para eles ignorar. Eventualmente encontraram um caminho de direção única, que levava a uma estrada de terra.

Nosso séquito lentamente seguia por esse atalho, movendo-se para frente, mas sem saber realmente o que fariam quando encontrassem uma rodovia. O vilarejo mais próximo era muito distante para chegar a pé e qualquer via com a qual eles se deparassem seria pouco frequentada. Às vezes, eles nutriam esperanças de encontrar alguém com um velho trator ou qualquer outro instrumento de fazenda que pudesse me transportar mais rapidamente até o vilarejo. Na época, ambulâncias eram essencialmente inexistentes nessa parte do Chile, então foi uma grande surpresa quando emergimos da encosta florestal e vimos uma ambulância estacionada no acostamento da estrada. O motorista não falou, mas ele parecia estar esperando por nós.

Depois que Bill havia acenado para nós na entrada do rio aquele dia, ele dirigiu a caminhonete até um lugar ensolarado, estacionou e pegou um livro, preparando-se para um dia de leitura e lazer. Ele planejava nos encontrar mais tarde na saída do rio. Durante minha ressuscitação, uma mulher meio que "pirou" e saiu correndo da cena no rio. Com o que eu tenho certeza ter sido a direção de Deus, ela correu até o local exato onde Bill estava lendo. Após uma explicação rápida, ambos pularam na caminhonete e dirigiram rapidamente ao longo da estrada, à procura de nosso grupo. Eles nos encontraram bem na hora em que eu estava sendo carregada para a ambulância.

Tom e Chad dirigiram na caminhonete enquanto Bill e Kenneth foram comigo na ambulância. O motorista seguiu estrada abaixo em direção à pequena estação de primeiros socorros no vilarejo de Choshuenco e Kenneth foi de alguma forma convencido do meu grau de compreensão quando eu comecei a insistir para que o motorista fosse mais devagar antes que nos matasse. Quando finalmente chegamos à estação de primeiros socorros, Kenneth e Chad retornaram ao caos no rio. Tom ficou com Bill e comigo.

Quando Kenneth e Chad voltaram ao rio, eles primeiro tentaram achar o jovem que havia sido de tamanha ajuda me carregando pela floresta. Esses jovens homens não estavam em lugar algum e o povo do vilarejo não fazia ideia de quem eles poderiam estar falando. Eles não sabiam de ninguém com essa descrição que fosse da aldeia, então pensaram que Chad e Kenneth deviam estar enganados. Anjos? Chad e Kenneth descobriram que sua volta pela floresta de bambu até o banco de pedras foi ainda mais difícil do que quando eles haviam me carregado. Eles perceberam que a floresta estava muito mais densa e a encosta mais íngreme do que eles se lembravam. Fazia o sucesso de seus esforços anteriores parecerem ainda menos plausíveis, a não ser que se aceitasse que o processo do meu resgate foi quase que inteiramente um resultado de uma intervenção divina.

Uma vez que todos os canoeiros restantes foram contados, Kenneth e Chad tentaram recuperar os dois botes que ainda estavam presos no fundo da cascata. Era quase impossível. A pedra na qual eles haviam pisado quando me tiraram da água, havia sumido. Não era possível eles ficarem de pé na corrente da cachoeira íngreme. Era impossível para eles alcançarem ou sequer tocarem os botes. Levou mais de uma hora de trabalho dedicado e sofrimento através de múltiplas cordas arrebentadas para tirar o primeiro bote para fora. Para conseguir isso, eles precisaram primeiro curvar e dobrar ambos os botes no meio segurando linhas nas extremidades deles e girando-os para que a correnteza pudesse fazer seu trabalho. Quando eles finalmente recuperaram as linhas que estiveram usando, eles viram que havia tido fricção e força suficiente para fundir os nós juntos.

Conforme eles retornaram a Pucón, eles estavam exaustos e surpresos pela impossibilidade absoluta do meu resgate e os aspectos sobrenaturais do que havia ocorrido. A presença e intervenção propositais de Deus estavam claras para todos aqueles que estiveram presentes na cena. Tom, Kenneth, Chad e Anne me disseram todos que a situação foi de um total e absoluto fracasso a um sucesso sem nenhum investimento significativo deles. Eles descreveram como sendo uma performance coreografada na qual eles estavam cada um fazendo seu papel. Até hoje, eles continuam sentindo que a nossa não é apenas uma boa história. Não foi apenas um milagre; foi uma constelação de milagres para a qual não há explicação possível além da intervenção de Deus. Como Chad disse mais tarde, "Não vamos deixar que a vida confunda o que aconteceu. Fomos todos parte de um milagre."

Anne reportou que ela se sentiu sobrecarregada com os sentimentos simultâneos e contrastantes de ser tão indefesa e pequena no universo e de ser tão amada por Deus que Ele escolheu estar presente. Ela, e acho que todos nós, ainda estamos nos sentindo não merecedores da intervenção Dele. Com todo o sofrimento e pessoas necessitadas, é difícil entender como ou por quê. Ele interveio naquele dia no rio Fuy no Chile, mas claramente Ele o fez.

Anne descreveu ter se sentido tanto indefesa quanto notavelmente livre. Ela sabe que Deus está no controle e ela sente que agora entende o verso na Bíblia que descreve como você deve abrir mão de tudo para poder ganhar tudo:

"Quem quiser, pois, salvar a sua vida, perdê la á;
E quem perder a vida por causa de mim e do evangelho,
salvá-la-á."

— Marcos 8:35-36 (VPRB)

CAPÍTULO 14
RETORNO PARA WYOMING

"De maneira alguma te deixarei, nunca, jamais, te abandonarei."

— Hebreus 13:5 (NVRJ)

A clínica de primeiros socorros era bastante rudimentar, sem equipamento de diagnósticos e poucos suprimentos. Bill ficou aliviado em achar um estoque de emplastro e experientemente aplicou longas talas em minhas pernas. Eu acho que não disse muita coisa, já que me senti indo e voltando entre este mundo e aquele que eu havia deixado para trás. Eu ainda estava totalmente imersa nas visões, na paixão, na intensidade e no amor que havia acabado de testemunhar no reino de Deus.

Na tentativa de descobrir e fazer sentido do que estava acontecendo, eu tomei uma decisão absoluta: eu não ficaria no Chile para meu tratamento médico, nem pararia em alguma das grandes cidades pelas quais passaríamos pela nossa volta a Wyoming. Jackson Hole tinha um grande hospital, médicos nos quais eu confiava e, mais importante, eu sabia que precisava estar com meus filhos.

Bill e Tom me puseram no banco de trás da picape, para o começo de nossa viagem para casa. Dirigimos até Coique, onde havia um pequeno aeroporto. Ao encontrar o aeroporto fechado, dirigimos até Valdivia, uma cidade movimentada com mais de 100 mil habitantes. O coração de Bill afundou e ele caiu no choro conforme nos aproximávamos da entrada do aeroporto e vimos que o portão de entrada estava fechado e trancado. Não haveria mais voos até de manhã.

Dirigimos pela cidade e encontramos um pequeno hotel com uma vaga. Conforme Tom se despediu, Bill me carregou escada acima e nos estabelecemos para uma noite sem descanso, esperando pela manhã. Um táxi nos levou ao aeroporto ao nascer do dia, quando Bill encontrou um pequeno avião que ia para Santiago. Ele reservou assentos e cuidadosamente me levou até o avião. Bill foi heroico. Ele lidou com as bagagens, as passagens e comigo na minha condição debilitada.

Eu não consigo dizer por quê de decidirmos pegar voos comerciais em vez de ligar pedindo por uma evacuação médica, mas parecia a coisa certa a fazer. Bill me carregou de um avião para o outro. O voo de Santiago para Dallas continha poucas pessoas e havia vários assentos livres nos quais eu podia me esticar. Apesar de as aeromoças levantarem suas sobrancelhas para minha aparência e comportamento, nenhuma questionou minha condição tão minuciosamente.

Nós fomos recebidos com uma cadeira de rodas na nossa chegada ao aeroporto internacional de Dallas/Forth Worth. Rotineiramente passamos pela alfândega e voltamos aos Estados Unidos. Bill achou que iria atrair menos interesse se apenas uma de minhas pernas estivesse embrulhada. Por isso, antes de embarcar em nosso próximo voo a Salt Lake City, Utah, ele removeu a tala de uma delas. Apesar disso, as aeromoças demonstraram uma preocupação significante ao ver Bill cuidadosamente me levantando até meu assento. Em resposta à suas perguntas, nós distorcemos a verdade... Bastante. Explicamos que éramos cirurgiões ortopédicos e que eu havia machucado meu tornozelo durante as férias, e simplesmente achei que ficaria mais confortável com uma tala.

As aeromoças claramente não acreditaram nessa fábula, então trouxeram o capitão do voo para falar conosco. Ele explicou sua preocupação de que eu seria um impedimento e um obstáculo no caso de um eventual pouso de emergência ou colisão. Eu ri por dentro e quis explicar que, por tudo pelo qual já havia passado, tinha certeza de que este seria o voo mais seguro que ele já realizou. O que eu disse na verdade foi que eu era treinada em situações de emergência, meu machucado realmente não era tão grave e eu definitivamente não iria atrasar ninguém. Satisfeito, ele voltou para a cabine e seguimos caminho.

Eu comecei a ter certa dificuldade para respirar conforme nossa chegada a Utah. Quando paramos para beber algo, percebi que estava fraca, doente, e incapaz de respirar profunda ou completamente. Eu me senti muito distante e não acho que Bill ou eu estávamos pensando com clareza a essa altura. Nós nunca discutimos sobre ir a um dos hospitais locais em Salt Lake City, já que eu estava decidida a retornar a Jackson para meu tratamento. Pensando que eu poderia ter um coágulo ou pneumonia, telefonamos para meu especialista em doenças internas e pedimos para que ele nos encontrasse em nosso escritório conforme eu chegasse.

Bill me acomodou no assento traseiro da picape e começamos a viagem de cinco horas de Utah até nossa casa em Wyoming. Quando minha respiração tornou-se ainda mais trabalhosa durante várias horas na viagem, comecei a questionar minhas decisões e a pensar se voltaria para meus filhos. Bill ligou para meu médico e sugeriu que ele nos encontrasse na sala de emergência em vez de na clínica.

O ganho de elevação conforme dirigimos por Pine Creek Pass (elevação de 2,04m) fez com que minha respiração ficasse mais deteriorada ainda. Eu comecei a pedir desculpas a meu marido – meu amado, fiel e constante companheiro a quem eu adorava. Ele foi um dos maiores presentes de Deus para mim e eu me desculpei com ele por não ser capaz de chegar em casa, por não ter parado antes, por escolher voltar para Jackson, por deixá-lo, por morrer. Desculpei-me de novo, e de novo, e de novo.

No Chile, me senti confiante quanto a minha decisão de retornar a Jackson Hole porque pensei que era o plano de Deus. Agora que parecia que eu iria morrer antes de chegar em casa, fiquei repleta de remorso diante do meu equívoco. Eu estava tomada por tristeza pelo meu marido e meus jovens filhos. Willie, Betsy, Eliot e Peter eram tão amados e vulneráveis que senti grande tristeza por não ser capaz de resistir por eles... por falhar com eles.

CAPÍTULO 15

O PODER DA ORAÇÃO

"Em verdade também vos digo que, se dois dentre vós, sobre a terra,
Concordarem a respeito de qualquer coisa que, porventura, pedirem,
Ser-lhe-á concedida por meu Pai, que estás no céu.
Porque, onde estiverem dois ou três reunidos em meu nome, ali estou no meio deles."

— Mateus 18:19-20 (NVI)

Conforme dirigimos por Teton Pass (elevação 2,60m), comecei a respirar tão superficialmente e absorver tão pouco oxigênio, que não conseguia mais falar. Apesar de estar bastante confortável, comecei a perder e retomar a consciência, assim que meu marido cumpridor da lei pisou no acelerador e forçou o velocímetro ainda mais. Quando chegamos ao estacionamento do hospital, a porta da caminhonete foi puxada e eu fui rapidamente movida para fora e para uma maca pelo pessoal da emergência.

Quando olhei para cima, sobre a maca, e reconheci o rosto do meu médico me olhando, soube que estava finalmente em casa e imediatamente perdi a consciência. Fui levada para a sala de emergência e colocada em um dos pequenos cubículos de examinação. Meus níveis de oxigênio estavam perigosamente baixos e não responderam à administração da respiração.

Uma avaliação preliminar mostrou uma pneumonia avançada e síndrome de angústia respiratória aguda (SARA). SARA é uma reação inflamatória severa nos pulmões a um grande choque, como quase se afogar, embolia de gordura, pneumonia, inalação de fumaça e outros dramas desse porte. Esse inchaço reativo do tecido do pulmão se desenvolve após vinte e quatro a quarenta e oito horas, interfere na habilidade de trocar oxigênio e frequentemente leva à morte. Meu diagnosticador disse seriamente a meu marido que eu provavelmente não sobreviveria àquela noite.

Natalie, a assistente médica do meu diagnosticador, estava sentada no cubículo ao lado do meu, separada por uma fina cortina. Ela havia trazido outra integrante de nossa igreja, Sherry, para a sala de emergência para tratar um corte no dedo. Quando elas viram as expressões faciais das pessoas ao meu redor e ouviram as palavras do meu diagnosticador, imediatamente começaram a rezar: para que minha vida fosse salva, que meu corpo fosse curado, para a força emocional da minha família e para sermos envolvidos pela graça de Deus. Rezaram intensivamente, passionalmente e especificamente. Elas logo deixaram a sala de emergência e foram ao jogo de basquete do colegial, onde grande parte da comunidade estava torcendo por nossos jovens. Com presteza, espalharam a mensagem do meu ferimento e encorajaram os outros a começarem a rezar. Dentro de uma hora da minha chegada à sala de emergência, havia um monte de gente rezando por mim. Natalie foi para casa e continuou rezando fervorosamente. Ela rezou até às quatro da manhã, quando finalmente sentiu que podia descansar.

Enquanto outros me elevavam até o Senhor com suas preces, eu estava deitada na unidade de cuidado intensivo. Durante a maior parte da noite, meu corpo lutou por sobrevivência. De acordo com os relatórios médicos, lá pelas 4 da manhã, mesmo horário em que Natalie sentiu-se liberada da oração, meus sinais vitais se estabilizaram e as enfermeiras puderam dar um suspiro provisório de alívio. Parecia que eu ia resistir, afinal.

Uma amiga me disse mais tarde que ela achava que eu havia sobrevivido àquela noite porque, com todas aquelas pessoas rezando por mim, Deus ficaria envergonhado de me deixar morrer. Não sei quanto a isso, mas a compaixão de Deus certamente reforçou o poder da oração de todos os envolvidos.

CAPÍTULO 16

CLAREZA DE VISÃO

"Não se preocupe com nada;
Ao invés disso, reze para tudo;
Diga a Deus o que precisa,
E o agradeça por tudo o que ele fez.
Se fizeres isso,
Experimentará a paz de Deus."

— Filipenses 4:6 (TNV)

Fui acordada na manhã seguinte pela chegada de dois diáconos de nossa igreja. Eles são donos de uma loja local ao ar livre e chegaram trazendo uma pilha de ótimas revistas para mim. Por mais agradáveis que fossem, confesso que estava ansiosa por sua partida para que pudesse ler as revistas. Estranhamente, me sentia ótima. Não sentia dor e estava mentalmente bem consciente.

Eu peguei a revista *Cross Country Skier* assim que eles saíram e fiquei surpresa ao descobrir que, apesar do meu histórico de visão comprometida, as páginas estavam muito embaçadas para que eu conseguisse ler. Coloquei as revistas de lado e liguei a televisão. As imagens na tela estavam muito embaçadas para que pudesse entender. A enfermeira entrou e descobri que ela também estava embaçada. Eu não me sentia mais confortável tendo uma conversa, já que não conseguia fixar o olhar em um ponto por mais de dois segundos sem que a visão embaçada me incomodasse muito. Era muito irritante, então optei por tirar uma soneca. Quando acordei, perguntei à enfermeira se havia uma Bíblia em algum lugar. Ela trouxe uma Bíblia de Gideão – sempre me perguntei quem lia essas Bíblias – e segui procurando versos sobre ganho de força e afins. Eu olhei os Salmos e procurei versos conhecidos como esses:

"Deus é o nosso refúgio e fortaleza, socorro bem presente nas tribulações."

— Salmos 46:1 (NVI)

"Ele me invocará, e eu Lhe responderei
Na sua angústia estarei com ele
Livrá-lo-ei e o glorificarei."

— Salmos 91:15 (Palavra de Deus)

"Tudo posso naquele que me fortalece."

— Filipenses 4:13 (VPRB)

Infelizmente, a impressão na Bíblia também estava muito embaçada para que eu pudesse ler. Assim que eu estava fechando o livro frustrada e jogando-o de lado, alguma coisa brilhou diante de meus olhos. Presumindo que minha visão havia clareado, retornei aos Salmos. As palavras ainda estavam embaçadas. Mais uma vez, sem cuidado nenhum, folheei as páginas como se fosse fechar o livro. Novamente, tornou-se claro e legível. Então, cuidadosamente, procurei pelas páginas até que fui capaz de achar um verso que estava claro como cristal:

Dizia:

"Regozije-se sempre."

— Tessalonicenses 5:16 (VPI)

Uau. Comecei a contemplar o significado desse verso, já que era claramente uma indireta de Deus. Em minhas reflexões, pensei sobre o fato de que um coração alegre e um espírito alegre são claramente importantes para Deus, e a palavra "alegria" é mencionada ao longo de todos os livros da Bíblia. Sempre fui uma pessoa "feliz" e geralmente enxergava o lado cor-de-rosa das coisas, mas alegria é claramente diferente de felicidade. Não é baseada em circunstâncias, mas na presença, esperança e promessas de Deus. Mesmo quando parece que estamos sendo esmagados por problemas terrenos, podemos permanecer alegres. Se mantivermos nosso foco em Deus, nosso espírito não pode ser atropelado. Alegria é um estado mental. Reflete em uma escolha consciente de acreditar nas promessas da Bíblia.

Mais tarde, naquele dia, um segundo verso clareou em minha visão. Dizia:

"Reze sem cessar."

— Tessalonicenses 5:17 (VPI)

Reza é a forma através da qual somos capazes de nos comunicar com nosso Senhor. Este verso nos direciona a manter uma linha aberta e contínua de comunicação com Ele. É uma instrução para que possamos viver uma vida de oração, continuamente oferecendo preces silenciosas com cada suspiro que damos, e sempre ouvindo a diretriz de Deus.

No passado, acreditava no poder de rezar para si mesmo: por perdão, mudança, conhecimento, e assim por diante. Condicionei-me à ideia de que a oração não muda o desfecho de uma situação, mas nos muda no processo. Enquanto ainda me apegava firmemente à minha crença nesse aspecto da oração, subsequentemente percebi que não representa a história toda, pois Jesus disse: "Onde dois ou três estão reunidos em meu nome, Eu estarei lá entre eles." Eu havia experimentado pessoalmente essa promessa de Jesus e o poder impressionante de pessoas rezando pelo bem-estar alheio. Comecei a ver minha vida e cada suspiro que me é dado é uma prece viva a Deus e um meio de orar pelos outros e por nosso mundo.

O último verso que se tornou claro para mim aquele dia foi:

"Em tudo, dai graças, porque esta é a vontade de Deus em Cristo Jesus para convosco."

— **Tessalonicenses 5:18 (VPI)**

Duplo e triplo "uau"! Fui imediatamente lembrada da fábula contada frequentemente (autor desconhecido) sobre agradecer e ser grato pelas pequenas coisas:

"Quando um pedaço de pão foi dado a um homem pobre, ele agradeceu o padeiro, mas o padeiro disse: 'Não me agradeça. Agradeça ao moleiro que fez a farinha.' Então o homem pobre agradeceu ao moleiro, mas o moleiro disse: 'Não me agradeça. Agradeça ao fazendeiro que plantou o trigo.' Então o homem pobre agradeceu ao fazendeiro. Mas o fazendeiro disse: 'Não me agradeça. Agradeça ao Senhor. Ele deu o sol, a chuva e a fertilidade ao solo, e é por isso que você tem pão para comer.'"

O resto da Bíblia, outros materiais de leitura, a televisão e até os rostos daqueles que eu amava continuaram embaçados por vários dias. Devido a esse "embaçamento" contínuo, eu não pude ler qualquer outra coisa além desses três versos da Bíblia, não podia assistir TV e não queria conversar com ninguém. Tudo o que fiz foi ler e reler esses três versos. Esses são três dos mais breves versos da Bíblia; e no entanto acredito que eles sejam bastante tocantes e resumam muito do que Deus nos pede.

CAPÍTULO 17

CONVERSANDO COM UM ANJO

"Pedi, e dar-se-vos-á, buscais e achareis;
Batei e abrir-se-vos-á."

— Mateus 7:7 (GNT)

Passei um grande número de horas contemplando o que Deus estava pedindo de mim. Mesmo antes de meu acidente de bote, não acreditava em sorte ou coincidência como fenômenos. Minha crença era de que Deus tinha uma mão na maioria das coisas e que a maior parte do que acontece faz parte de um plano maior. Estava deitada na minha cama de hospital imaginando sobre o propósito do meu acidente, quando, de repente, me encontrei sentada numa pedra num grande campo cheio de sol.

Eu "conversava" com um anjo que sentara numa pedra próxima. Chamo o ser de anjo, mas não sei o que ele era: anjo, mensageiro, Cristo ou professor. Sei apenas que ele era de Deus e estava em Deus. Conforme conversávamos, fiz perguntas, e ele me deu respostas. Discutimos como "regozijar-se sempre", mesmo em meio à circunstâncias terríveis, e discutimos a velha questão, "Por que coisas ruins acontecem a pessoas boas?" Durante essa conversa, recebi a seguinte sabedoria.

Cada um de nós recebemos a oportunidade e o privilégio de vir à Terra por diferentes razões. Algumas vezes somos enviados para que possamos desenvolver e fortalecer pessoalmente os frutos de nosso espírito: aqueles de amor, gentileza, paciência, alegria, paz, bondade, fidelidade, e autocontrole. Outras vezes, somos enviados para ajudar outra pessoa a desenvolver os frutos do espírito. Nós todos somos enviados à Terra para nos tornar mais parecidos com Cristo, como notado em *Romanos 8*.

Em preparação para nossa viagem à Terra, somos capazes de traçar um esboço básico para nossas vidas. Isso não é para insinuar que nós, os humanos, estamos inteiramente no comando do desenho de nossas vidas. É como se Deus criasse, e depois nós revisamos e discutimos com nosso anjo "planejador pessoal". Dentro do algoritmo são escritos pontos em nossas vidas nos quais podemos sair, retornando a Deus; ou somos redirecionados a uma diferente tarefa e objetivo.

Podemos ser direcionados a esses pontos por nossa própria escolha consciente e por nossas circunstâncias, ou podemos ser empurrados por intervenções angelicais. Você já apareceu em algum lugar na "hora exata"? Quando pensa na sua vida, pode lembrar-se de uma pessoa que brevemente entrou nela, dizendo ou fazendo algo que a impactou fora da proporção do que ela realmente fez ou disse? Quais foram as circunstâncias que uniram você ao seu cônjuge, ou as circunstâncias detalhadas de outros pormenores tão notáveis em sua vida? Já pensou aleatoriamente em alguém que inesperadamente apareceu ou contatou você? Já aconteceu algo que te deixou pensando "Isso é esquisito"? Considere se esses são conjuntos de "coincidências" ou se eles podem ser eventos orquestrados; evidência da mão de Deus em nossas vidas.

Apesar de nós sermos pouco conscientes dos anjos e de sua intervenção em nosso mundo, acredito que há anjos ao redor todos os dias de nossas vidas. Anjos são seres espirituais que são mencionados mais de 250 vezes tanto no Antigo quanto no Novo Testamento da Bíblia. Eles aparecem como criaturas, eventos e humanos, oferecendo louvor e devoção a Deus. Eles cuidam, protegem e guiam as pessoas de Deus, frequentemente intervindo ou trazendo mensagens Dele para as pessoas. Eles são os que orquestram as "coincidências" que ocorrem tão comumente em nossas vidas.

Vale salientar que muitos teologistas concordariam que anjos vivem entre nós de acordo com a vontade de Deus e não a nossa própria. Lewis Sperry Chafer escreveu em *Teologia Sistemática* (Kregel, 1993): "Uma razão pela qual os anjos são invisíveis aos humanos pode ser a de que se fossem vistos, seriam idolatrados. O homem, que é tão propenso a idolatria quanto a venerar os trabalhos de suas próprias mãos, seria pouco capaz de resistir a adoração aos anjos, estivessem eles diante de seus olhos."

Enquanto frequentemente não reconhecidos, anjos certamente parecem estar presentes e ativos no mundo hoje. Um artigo da *Newsweek*, entitulado "Em Busca do Sagrado" (novembro, 1994) observou, "vinte por cento dos americanos tiveram uma revelação de Deus no último ano, e treze por cento viu ou sentiu a presença de um anjo".

Anjos quase sempre nos expõe ou nos empurram para situações que forçaram nosso redirecionamento. Claro, nosso redirecionamento não é *realmente* forçado; ao invés disso, conforme somos compelidos a nos aproximar da encruzilhada na estrada, fazemos uma escolha de virar à direita ou à esquerda. Toda escolha nos leva adiante, e não há volta ou "refação". Cada escolha que fazemos hoje, afeta as escolhas que enfrentaremos amanhã. O planeta Terra e os humanos vivendo nele estão verdadeiramente interligados, e não há nenhuma ação sem algum tipo de reação.

Até as mais terríveis circunstâncias e eventos podem simular grandes mudanças em indivíduos e/ou sociedades. Sem observar a crueldade, não seríamos movidos pela compaixão. Sem julgamentos pessoais, não desenvolveríamos paciência ou fidelidade. É o reconhecimento de que as preocupações terrenas importam pouco quando comparadas com a vida eterna que nos permite reconhecer alegria em meio a tristeza e preocupação. Você de fato já mudou ou experimentou crescimento durante tempos de conforto e complacência? A aceitação de que mudança raramente vem sem dificuldade e desafio pode realmente libertar uma pessoa para "regozijar-se sempre". Também nos permite viver diariamente com um coração grato e "agradecer em todas as circunstâncias". Não importa quais sejam, podemos ser gratos por Deus cumprir suas promessas, pela nossa fé ser suficiente para nos sustentar, e por nossa vida eterna estar assegurada.

Eventualmente, situações desconfortáveis e pessoas irritantes são colocadas em nossas vidas para nos guiar em uma direção mais alinhada com a vontade de Deus. Um exemplo que gosto de usar é de que um mendigo pode sentar-se do lado de fora do escritório de um homem de negócios numa tentativa de ajudar aquela pessoa a desenvolver mais tolerância e compaixão pelos outros.

Sou capaz de enxergar exemplos disso em minha vida também. Antes do acidente, o comportamento de alguns de meus colegas me irritava profundamente. Depois do que aconteceu, mesmo ainda não gostando do comportamento, percebi que não sei qual o propósito deles à Terra, nem por quê eles estão em minha vida. Por mais difícil que às vezes seja aceitar, eu sei que Deus ama cada um deles tanto quanto ele me ama. Ao invés de ficar irritada pelo comportamento deles, agora eu fico grata em saber que isso está me ensinando a ter paciência e eu agradeço por isso. Eu também comecei a rezar por eles, o que mudou minha perspectiva significantemente. O exercício de orar pelos outros (e eu estou falando de orar com amor; não orar de brincadeira, como na música *country* sobre rezar para que os freios do carro falhem, o pote de farinha caia, o motor pare, e coisas do tipo) pode levar a resultados dramáticos e a grande paz e contentamento. Esse exercício definitivamente vale a pena tentar.

Tão logo o anjo sentado na pedra ao lado continuou suas explicações e pacientemente respondeu minhas perguntas, comecei a visualizar uma analogia razoável para as vidas individuais: cada um de nós é como um pequeno pedaço de fio que contribui com a tecelagem de uma grande e bela tapeçaria. Como fios únicos, passamos a vida nos preocupando com nosso fio – que cor é e quão longo é – e até mesmo ficando aborrecidos se ele arrebentar ou se desgastar. A tapeçaria completa é muito grande para que possamos enxergar, e o tecido é muito complexo para que possamos apreciar a importância do fio único. De qualquer forma, sem nossa contribuição individual, a tapeçaria estaria incompleta e quebrada. Deveríamos, portanto, reconhecer e nos alegrar pela nossa contribuição. De fato, nossos fios – nossas vidas – são importantes; o que fazemos e as escolhas que fazemos, até mesmo as que pareçam mais insignificantes, fazem realmente uma diferença.

Acho interessante que quando as pessoas descrevem o quão terríveis alguns eventos ou circunstâncias são, raramente elas estão envolvidas nesses eventos. Conversei com pessoa após pessoa que esteve no centro de alguma situação descrita pelos outros como "horrível, trágica ou desastrosa", e, no entanto, eles próprios são gratos pela situação e não mudariam suas circunstâncias se tivessem escolha.

Meu ponto é esse: interpretar algo que acontece como sendo inerentemente "bom" ou "ruim" é inteiramente uma questão de perspectiva. Se "coisas ruins acontecem a pessoas boas"? Não tenho muita certeza. Jesus certamente era um homem muito "bom". Sua crucificação certamente seria interpretada por muitos como algo "ruim". Seus discípulos estavam devastados, porém as profecias do Antigo Testamento não teriam sido cumpridas e um novo pacto com Deus não existiria se Jesus não tivesse sido crucificado. Dessa perspectiva, é difícil declarar que a crucificação de Jesus foi uma coisa "ruim". O fato é: o coração das "boas notícias" é o que os cristãos celebram.

Mesmo quando estamos frustrados pela nossa inabilidade de compreender uma circunstância ou evento, há anjos invisíveis trazendo conforto e proteção como direcionado pela sabedoria de Deus. Nossa única opção razoável é confiar nas palavras e promessas de Deus.

CAPÍTULO 18

A UNIDADE DE TERAPIA AO PACIENTE

"Esse é o dia que o Senhor fez;
Regozijemo-nos e alegremo-nos nele."

— Salmos 118:24 (NVI)

Quando minha saúde permitiu, fui transferida para a unidade de terapia ao paciente (UTP). Ao chegar, não tinha dor e ainda me sentia enrolada no manto de Deus. Sentia-me realmente feliz. As pessoas, ao entrarem em meu quarto pela primeira vez, literalmente davam um passo para trás e, com um olhar de surpresa em suas faces, perguntavam: "O que está acontecendo aqui?" Elas continuavam descrevendo a sensação de presença física e poder no quarto. Na primeira vez que alguém notou isso, meio que ignorei. Conforme aconteceu de novo e de novo, com uma variedade de pessoas diferentes, comecei a acreditar que estavam sentindo a energia quase palpável em meu quarto. Não deveria ter ficado surpresa por eles conseguirem sentir a presença de Deus – eu certamente sentia.

Passaram-se duas semanas desde meu acidente, mas eu ainda permanecia a maior parte de cada dia pensativa, procurando sentido em tudo o que havia acontecido. Acreditava que todas as coisas funcionavam juntas para Deus e comecei a contemplar as possíveis razões para esse acidente. Antes que eu soubesse, eu estava novamente sentada em um campo ensolarado com um anjo. O brilho e a intensidade da beleza em volta e a pureza do amor radiante do anjo eram simultaneamente esmagadores e rejuvenescedores.

Conversamos pelo que pareciam muitas horas, e eu nunca queria ir embora. Falamos especificamente sobre meu acidente e recebi mais informações de muitas das razões pelas quais retornei à Terra. Mais para frente neste livro, eu lhes contarei sobre várias dessas diretivas, incluindo: a proteção da saúde do meu marido; ser uma rocha de apoio à minha família e à comunidade após a morte de meu filho; ajudar os outros a encontrar seus caminhos de volta a Deus; e compartilhar minha história e experiências.

Quando nossa conversa terminou e era hora de eu retornar, o anjo me beijou na testa e me mandou um tchau. Eu sabia que seria nossa última conversa e com aquele beijo, muito do que me havia sido dito parecia ter sido colocado sob um véu. Eu senti que mais tarde poderia escolher levantar o véu e recordar todas as palavras ditas a mim se eu realmente quisesse, mas eu também sabia que o esperado de mim era que eu as mantivesse cobertas.

Com a minha transferência para a UTP, veio a alegria de poder receber visitantes. Eu estava ansiosa pela primeira visita de meus filhos e sofria com a espera de abraçar cada um deles bem apertado. Quando chegaram, meus três filhos mais velhos estavam relutantes em se aproximar de mim e o meu caçula se manteve o mais longe possível da cama. Imagino que devo ter sido assustadora de se ver, e talvez irreconhecível com todos os tubos e máquinas ligados ao meu corpo, mas a hesitação deles era de partir o coração. Dentro de alguns dias, o bem-estar deles foi restaurado e passamos gloriosas horas na minha cama de hospital assistindo filmes e nos abraçando. Apesar de amá-los e adorar o tempo que passávamos juntos, parte de mim ainda ansiava estar com Deus. Essa percepção me fez sentir dividida e deprimida.

Uma tarde fui acordada pela visita de Al Forbes, um dos parceiros em minha clínica médica. Ele era um homem cristão e eu senti que podia lhe contar os detalhes das minhas experiências extraordinárias no rio. Conforme lhe contei sobre o meu afogamento, do abraço amoroso de Deus e dos milagres que haviam ocorrido, ele começou a chorar. Eu perguntei por que estava chorando e fiquei surpresa quando me disse que estava tomado de inveja por eu estar tão próxima de Deus; e estava chorando porque não era normalmente um homem invejoso. Não querendo decepcionar outros, escolhi não contar para muito mais gente os detalhes ou extensões das minhas experiências com Deus.

Logo que meu estado físico se tornou de recuperação ao invés de sobrevivência, fui mais absorvida de volta para a realidade. Meus laços com o mundo de Deus se tornaram menos palpáveis, até que não pude mais transitar entre os mundos ou ter conversas com anjos. Quando minha condição médica melhorou e meus parceiros ortopédicos (incluindo meu marido) foram capazes de concordar num plano de tratamento, finalmente pude passar pela primeira de várias operações para reparar cirurgicamente meus diversos ferimentos. Com esse início da recuperação física, também comecei a sentir dor.

O resto do meu tempo no hospital foi desafiador para todos. Eu ainda tentava processar tudo o que testemunhara e continuei a meditar sobre os três versos do *1 Tessalonicenses*, mas minhas pernas estavam engessadas do meu dedinho ao meu quadril, então estava incapacitada de me mover e podia fazer pouquíssimas coisas. Bill estava no trabalho durante o dia, as crianças mais velhas na escola e Peter com nossa babá, Kassandra. Já que eu estava deitada com apenas o teto como meu entretenimento, contei os pequenos buracos em cada azulejo do teto repetidamente; primeiro verticalmente, depois horizontalmente, depois diagonalmente. A excitação de ter os mesmos resultados toda vez não ajudou muito a diminuir meu tédio.

Visitantes eram exaustivos, mas serviam como intervalos brilhantes entre essas horas sombrias. Um amigo empurrou minha cama até o sol que estava batendo deliciosamente por uma janela do corredor, e outro amigo atencioso me trouxe uma loção corporal de lavanda que cheirava como um campo de flores frescas. Cada vez que eu passava um pouco da loção nas mãos me deliciava com esse cheiro e me sentia envolvida por um sentimento de conforto e beleza. Significou tanto para mim na época que guardei a embalagem. Agora quando ocasionalmente abro e inalo a fragrância remanescente, imediatamente me lembro do meu sentimento e penso com carinho na pessoa que me deu.

Após mais de um mês no hospital, eu não estava triste de empacotar meus pertences e ir para casa.

CAPÍTULO 19

MINHA RECUPERAÇÃO FÍSICA

"Dor é inevitável;
Sofrimento é opcional."

— Dalai Lama

Eu estava animada em deixar o hospital, mas uma vez que estava em casa fiquei emocionalmente deprimida e fisicamente miserável. Sim, encontrei alegria em minhas circunstâncias, mas isso não mudou minha tangível, diária, realidade física. Eu tinha gessos duros em ambas as pernas, que se estendiam da minha virilha aos meus dedos. Não conseguia me mover sozinha, apesar de conseguir ficar de pé por conta própria com um andador se alguém me levantasse primeiro. Se ninguém estivesse por perto para me assistir, eu estava presa à cadeira de rodas.

Nossa casa alugada foi provavelmente construída nos anos 70, com portas e corredores muito estreitos. Um amigo removeu as portas das dobradiças para que eu pudesse ser empurrada entre meu quarto e a cozinha, mas eu era basicamente como uma pedra de estimação. Depois que alguém me movia para um cômodo, eu tinha que ficar lá até que alguém chegasse e me movesse para um local diferente.

Quando ainda estava no hospital, eu havia desenvolvido coágulos sanguíneos em minhas pernas que escaparam e viajaram até meus pulmões. Para ajudar a dissolver os coágulos e evitar futuras complicações, Bill me dava duas injeções diárias – uma experiência não muito agradável para alguém que detesta ser espetada por uma agulha. Eu também tomava comprimidos narcóticos para a dor e necessitava de ajuda até para as atividades mais básicas do dia a dia. A euforia de visitar o céu havia passado, substituída pelo tédio de cada dia e a contínua descrença de que eu havia sido mandada de volta à Terra. Fiquei realmente bem sombria. Sempre fui fisicamente ativa e forte, e estar fisicamente imobilizada era emocionalmente difícil para mim. Era desafiador seguir o ditado do discípulo Jaime: "Considere tudo alegria... Quando você enfrentar julgamentos de diversos tipos porque você sabe que o teste de sua fé desenvolve perseverança." Pensei que havia desenvolvido perseverança o suficiente.

Scott era um dos ajudantes das enfermeiras no hospital o qual Bill contratou para prover cuidado médico em casa para mim algumas vezes na semana. Ele era forte, cuidadoso e sempre animador. Esperava por essas visitas e saboreava a energia alegre que ele provia. Ele me movia de cômodo a cômodo, lavava meu cabelo, fazia meu almoço, achava o sol, e apenas se sentava comigo. Apesar dessas visitas, eu estava lânguida. Alguns dos meus amigos mais criativos decidiram agir; eles prenderam dois esquis no fundo de um trenó de neve e construíram um assento dentro. Então eles ataram uma alça na parte de trás do trenó, tornando possível para Scott me colocar sentada ali dentro e sair me puxando pela rua coberta de neve fora da minha casa... Eu então era capaz de ser levada para passear como um bebê no berço!

Algumas vezes eu era empurrada devagar, mas outras Scott me levava a algum dos morros próximos e me deixava deslizar mais rápido com o trenó enquanto ele corria atrás. Eu comecei a levar duas varas curtas de esqui comigo nesses passeios e me tornei bastante competente em sentar no trenó enquanto alegremente conduzia-o cravando as varas na neve de um lado ou de outro. Viajar desse jeito era a única hora em que eu me sentia móvel, então era magnífico. Quando eu estava no trenó, me sentia viva. Minha família começou a chamar Scott de "Garoto do Trenó", já que tudo o que eu queria fazer quando ele chegava era sentar no trenó e fazê-lo passear comigo. Scott foi tão prestativo em minha recuperação que fiquei um pouco triste em dizer adeus quando me tornei forte o suficiente para finalmente me cuidar sozinha. Desde então, ele foi embora da cidade e se tornou um assistente de médico. Eu não tenho ouvido sobre ele há muitos anos, mas me lembro dele carinhosamente e sempre irei estimar a bondade que ele demonstrou para comigo.

Meu filho mais novo, Peter, tinha apenas um ano e meio de idade quando eu sofri meu acidente de caiaque. Ele foi o mais hesitante em se aproximar de mim enquanto estava no hospital, mas nunca deixou meu lado uma vez que voltei para casa. Por muitos meses, seu amor, constância, conforto e um conhecimento compartilhado da presença de Deus, me manteve ligada a ele, e através dele, a esse mundo. Dada sua pouca idade, eu acredito que ele ainda se lembrava do mundo de Deus, o que parecia lhe dar um entendimento sobre o aspecto espiritual da minha experiência e do que eu estava passando. Meus filhos mais velhos eram grandes fontes de alegria, garantia e inspiração, e Kassandra, nossa maravilhosa babá, proveu um grande senso de estabilidade a todos nós.

Apesar de fisicamente presente em nosso lar, emocionalmente eu me ausentei. Me absorvi bastante em meu próprio mundo de recuperação física e turbilhão emocional conforme eu tentava processar tudo o que havia acontecido comigo. Levou mais de um ano para finalmente aceitar que não só eu havia sido mandada de volta à Terra, como também tinha trabalho a fazer. Eu era parte de uma família a qual amava muito e enfim admiti que era melhor seguir em frente com a minha vida e tirar o melhor possível dela. Durante esse tempo, Bill foi a força que manteve nossas vidas juntas. Ele trabalhava em tempo integral em seu consultório ortopédico, mantinha o meu consultório, cuidava de nossos filhos, trocava as fraldas de Peter, se certificava de que todos fossem alimentados, administrava minhas injeções e organizava meu tratamento médico, tudo enquanto tentava processar seus próprios sentimentos de impotência e tristeza sobre o que acontecera. Apesar de emocionalmente e fisicamente drenado, ele manteve-se excepcional.

A comunidade em que vivemos também era tão prestativa com a nossa família que consegue me fazer chorar ainda hoje só de pensar. Alguém de nossa igreja ou de algum outro lugar de nossa cidade trouxe comida para nossa casa todas as noites por muitos meses. Ocasionalmente, alguém passava o final de semana "mantendo nosso forte" para que Bill pudesse ir esquiar ou fazer algo por ele mesmo. Nós não vivíamos em nossa comunidade por muito tempo antes do meu acidente então nem conhecíamos a maioria dessas pessoas, e muitos deles não nos conheciam. Mas eles abraçaram nossa necessidade mesmo assim e sua bondade conosco foi uma tremenda benção.

CAPÍTULO 20

BOB

"Eu lutei a boa luta,
Eu terminei a corrida,
Eu mantive a fé."

— Timóteo 4:7 (NVRJ)

Duas semanas após minha alta do hospital, recebi um telefonema dizendo que meu pai, Bob, estava sento retirado do apoio de vida. O quê? Apesar de meu cérebro funcionar bem e eu ouvir as palavras, não pude entender a informação que me estava sendo passada. Nem sabia que meu pai estava no hospital, então como poderia entender que seu ventilador de suporte estava sendo removido?

Conforme a história se desdobrou, descobri que duas semanas antes ele não se sentiu muito bem quando foi visitar meu irmão em São Francisco. Quando retornou a Michigan, desenvolveu uma severa pneumonia. Meu pai foi admitido no hospital para tratamento, mas, quando sua condição não melhorou com antibióticos, foi colocado em um ventilador na tentativa de melhorar sua troca de oxigênio. Sua condição continuava a piorar apesar desse tratamento agressivo e, quando seus órgãos internos falharam em sequência, minha madrasta tomou a decisão de remover seu apoio externo de vida. Inexplicavelmente, ela também havia tomado a decisão de não contatar a mim ou nenhum dos meus três irmãos (éramos todos filhos do casamento anterior dele) quando ele foi hospitalizado, quando sua condição piorou ou antes dela tomar a decisão final de remover os aparelhos.

Com o passar dos anos, a relação de meu pai com meus irmãos e eu se desgastou pelas circunstâncias em que ele vivia. Ele frequentemente falava sobre o quanto queria um relacionamento próximo conosco, mas que sua esposa não apoiava isso e apresentava muitos obstáculos. Ela era uma viúva com cinco filhos, muitos dos quais ainda viviam em casa com ela e meu pai. Acho que ela não queria aceitar que meu pai tinha uma vida antes do casamento deles ou que ele tinha quatro filhos crescidos. Ela o impedia de manter fotografias nossas em sua casa, nos chamar para visitá-los ou que ele se deslocasse para nos visitar. Ele chorava bastante quando discutia isso conosco, mas era incapaz, ou pouco disposto a exigir mudança. A morte iminente de meu pai tornaria os relacionamentos tensos no final e aboliria qualquer chance de reconciliação. Por essas razões, eu sabia da importância de ver nosso pai antes que seu último fio de conexão com a vida se acabasse.

Sem falar com minha madrasta, contatei o médico de meu pai e argumentei com ele para manter o apoio de vida até que eu e meus irmãos pudéssemos chegar. Apesar de isso requerer que meu pai estivesse no ventilador por mais um dia ou dois, já que estávamos cada um vindo de partes distantes do país, ele concordou em fazê-lo com bastante má vontade. Eu estou desgostosa em admitir que esse acordo só saiu depois que eu soei bastante ameaçadora.

Meus irmãos se encontravam no aeroporto quando cheguei e nos dirigimos direto ao hospital onde meu pai estava. Quando eu entrei em seu quarto, vi que estava sedado e o ventilador estava ritmicamente empurrando ar para dentro e fora de seus pulmões. Apesar de ele ainda estar "vivo", tive a sensação esmagadora, na verdade mais um conhecimento profundo, de que sua alma já havia partido de seu corpo. Ele já estava morto. Apesar de ser uma crença comum a de que a alma de uma pessoa parte no momento de sua morte física, eu vim a acreditar que a partida da alma define e determina o momento da morte, ao invés da morte física do corpo determinar o momento da partida da alma. Com o uso da medicina moderna e da tecnologia, o organismo que é nosso corpo humano pode continuar a funcionar fisicamente e aparentar estar "vivo", mas a não ser que Deus veja um propósito para retornar a alma a seu corpo, a pessoa está essencialmente morta. Não apenas eu havia testemunhado isso durante meu treinamento cirúrgico, como há muitos relatos de experiências de quase morte em que é feita descrição da alma partindo da casca de seu corpo físico ainda não morto para ignorar essa realidade.

Meu pai foi um homem vivaz, ativo e em forma. Ele e seu irmão gêmeo foram estrelas de corrida da Associação Nacional Atlética Colegial, parte de uma elite de campeões e membros do Hall da Fama NCAA. Minhas emoções se confundiram à medida em que tive a chance de sentar sozinha no quarto de hospital com o corpo agora pálido e ligeiramente atrofiado de meu pai. Eu senti alegria por ele – por sua reunião com Deus – e senti um pouco de pena de mim, como se ainda não tivesse conciliado o motivo de meu próprio retorno à Terra do banco de pedras no Chile. Eu sofria por não ter tido a oportunidade final de expressar meu amor e gratidão a papai pela sua vida, e ainda mais profundamente entristecida por nunca ter tido a oportunidade de lhe contar sobre minhas experiências recentes no céu. Eu poderia ter lhe dado uma prévia da grande alegria esperando sua chegada e eu acho que ouvir sobre isso tornaria sua partida mais tranquila.

Meus irmãos, Rob e Bill, minha irmã, Betsy, nossa madrasta e eu estávamos ao lado da cama de meu pai quando o ventilador foi removido de seu corpo e ele lentamente deu seu último suspiro.

Após isso, Rob, Bill, Betsy e eu voltamos a nosso quarto de hotel, onde nós remanescemos, choramos e rimos noite adentro conforme cada um de nós recordava-se das nossas aventuras de infância com nosso pai. Passamos os dias seguintes organizando as flores e programas, enquanto nossa madrasta tratava de outros aspectos de seu funeral. Para ser justa, eu devo dizer que meus irmãos organizaram enquanto esperei no carro ou em qualquer outro lugar que eles me colocassem já que ambas as minhas pernas ainda estavam imobilizadas em longos gessos e era um esforço lento para mim segui-los com meu andador.

Eu já descrevi a primeira Igreja Presbiteriana em Kalamazoo, Michigan, como sendo elegante, antiga e bela. Durante o funeral de meu pai, as grandes e tradicionais janelas de vidro banhavam o santuário principal com uma variedade de cores. Conforme eu afundava no banco familiar da primeira fileira, permiti minha mente a voltar no tempo para acolher e reviver a maravilha que eu sempre senti quando criança ao olhar para as imagens dessas mesmas janelas.

Meu pai era bem conhecido e bem respeitado em nosso estado, e aparentemente todo mundo da região havia aparecido para prestar suas últimas homenagens. Foi um longo funeral, mas o público foi paciente enquanto eu era dolorosamente ajudada a me levantar da minha cadeira de rodas para subir ao pódio e prestar um de seus tributos. Na hora que as gaitas de fole tocaram "Amazing Grace" ao final do funeral, eu estava bastante exausta.

Minha viagem de volta a Wyoming exigiu uma troca de aviões em Cincinnati, Ohio. Meu voo para Salt Lake City começara a embarcar quando o alarme de incêndio no terminal disparou. Apesar de viajar extensivamente, nunca tive essa experiência e provavelmente nunca terei novamente! Todo mundo no terminal foi instruído a evacuar o prédio e ficar do lado de fora no asfalto. Eu tentei seguir essas instruções, mas não tinha ninguém para me ajudar depois que me misturei com a multidão. Eu logo estava presa em minha cadeira de rodas no topo de uma longa escada levando ao asfalto e, conforme as outras pessoas saíam, eu comecei a chorar de frustração.

Senti uma profunda pena de mim e da minha situação. Não havia funcionários do aeroporto em lugar nenhum visível e, pensando que seria mais importante para Bill ficar em Wyoming com nossos filhos, recusei a oferta de Bill de viajar comigo a Michigan. Não acreditava que depois de tudo o que já havia passado morreria num incêndio. Não tinha nem um celular que funcionasse para ligar pedindo ajuda ou para dar meus últimos adeus! Depois de um tempo, um funcionário do aeroporto me viu e, quando expliquei minha situação, me disse: "Não se preocupe com isso. É só um alarme falso de qualquer maneira."

Ok. Deus ainda tinha planos para mim.

CAPÍTULO 21

MEU AMADO GEORGE

"Quanto mais amor distribuímos,
Maior a nossa capacidade de fazê-lo."

— David R. Hawkins

Após a minha volta de Michigan, minha mãe chegou a Jackson Hole para ajudar eu e meu marido a tomar conta de nossos filhos. No dia seguinte de sua chegada, descobri que meu padrasto, assim como meu pai semanas antes, havia acabado de ser admitido no hospital local com um caso de pneumonia. Não era o primeiro ataque de pneumonia de George, já que ele teve uma forma de mielodisplasia, que é um distúrbio sanguíneo que frequentemente resulta em pneumonia. Surpreendentemente, a pneumonia de meu pai foi causada por um distúrbio sanguíneo similar; algo com o qual ele vivia, mas havia sido mantido em segredo até sua última hospitalização. Conversei com o médico de George, que me assegurou de que meu padrasto parecia estar respondendo bem aos antibióticos, então não deveríamos nos preocupar tanto.

Apesar dessa tranquilização, minha mãe e eu consideramos se ela deveria ou não voltar à Carolina do Norte para ficar com George. Conforme ponderamos essa questão durante o café da manhã, uma grande coruja cinza surgiu e pousou no corrimão do deque adjacente à área em que estávamos. Nunca tendo visto esse tipo de coruja, ficamos deslumbradas e admirando-a.

Corujas são animais grandes e elegantes. Vimos que nosso gato também estava no deque e imaginamos como um animal reagiria ao outro. O felino lentamente andou até o corrimão e se esticou em direção à coruja. A coruja, que poderia tê-lo comido facilmente de lanche, lançou um rápido olhar ao gato, ignorou-o, e continuou olhando em nossa direção. Parecia se preocupar apenas conosco.

Durante os dias seguintes, a coruja parecia nos seguir conforme nos movíamos de cômodo em cômodo. Meu padrasto e eu continuamos tendo um desentendimento amoroso por telefone sobre qual de nós dois precisava mais da ajuda de minha mãe – ele dizia que eu, e eu dizia que ele – até o final da semana. Estava determinada a mandar minha mãe para casa. Quando ela entrou no táxi para começar sua viagem de volta, a grande coruja cinza se acomodou num poste próximo e simplesmente me olhou insistentemente, como havia feito a semana toda. Não podia ignorar a intensidade de seu olhar e parecia que ela ia vir e pousar diretamente em minha cabeça se eu não lhe desse minha total atenção imediatamente. A ave claramente tinha algo a dizer e, quando finalmente prestei atenção, senti a coruja me instigando a ir com minha mãe para a Carolina do Norte.

Meu padrasto e eu tínhamos uma ligação extremamente próxima e importante. Se George fosse morrer sem a minha presença, eu sabia que ficaria devastada e tomada de remorso. Apesar da grande dificuldade para viajar em minha condição, decidi acompanhar minha mãe. Peguei minha bolsa, dei um último olhar de gratidão à coruja por sua orientação e persistência e tentei me espremer no táxi.

A viagem a Carolina do Norte foi ambiciosa e árdua. Havíamos corrido até o aeroporto de Jackson Hole, mas perdemos o último voo do dia. Um amigo de bom grado nos levou dirigindo por 5 horas até o aeroporto de Salt Lake City, mas passar a noite no banco traseiro de sua picape enquanto esperávamos pelo próximo voo não foi muito repousante, para dizer o mínimo!

Quando finalmente chegamos ao lado da cama de hospital do meu padrasto, nós o encontramos com um bom estado de espírito. O filho de George, Larry, também estava presente e tivemos conversas ótimas e carinhosas. Todos celebramos o aniversário de minha mãe no quarto de George no dia seguinte. George ria, se sentia bem e até conseguiu comer um pouco de sua comida favorita: *cookies*.

Minha mãe e eu ficamos bastante aliviadas com a condição dele e estávamos bem animadas na manhã seguinte. Sentamos na mesa de café da manhã dela bebendo café e contemplando a saúde de George e a possibilidade de sua alta do hospital. Enquanto conversávamos, olhamos pela janela e vimos uma grande e inteiramente árida árvore de pêra Bradford. Minha mãe então me contou a história daquela árvore.

Ela e George amavam as grandes flores rosas das várias árvores de pêra Bradford da vizinhança, então plantaram essa muitos anos atrás com a esperança de apreciar esse mostruário anual de cor. Enquanto essa árvore em particular continuou a ficar cada vez mais alta, nunca produziu uma única flor. Ela disse que George estava tão frustrado com a incapacidade da árvore de produzir flores que ele planejava cortá-la na primavera e plantar uma nova. Ele adorava cor e queria ver as flores da mesa de café da manhã deles.

Ainda estávamos esperançosas quando dirigimos até o hospital, mas nos deparamos com uma situação radicalmente diferente ao chegar. George havia tido uma reviravolta para pior e seus órgãos estavam falhando. Deus estava chamando por ele, e sabíamos que seu tempo restante na Terra era curto. Minha mãe, Larry e eu decidimos deixá-lo passar para o outro mundo com dignidade e amor. Removemos o tubo de alimentação e escolhemos não colocá-lo no ventilador. Cada um de nós expressou o amor profundo por George e cada um deu a ele permissão para partir. Abraçamos uns aos outros e abraçamos George enquanto seu espírito deixava esse mundo pacificamente.

Na manhã seguinte, quando nos sentamos para tomar café na mesa de minha mãe, olhamos pela janela e gaguejamos. A árvore de pêras Bradford deles que antes era um caso perdido estava explodindo de cor. Essa árvore, que estava pelada apenas vinte e quatro horas antes, estava agora repleta além de sua capacidade de grandes, lindas e perfeitas flores rosas.

Essas flores coloridas ficaram naquela árvore até bem depois da geada ter derrubado as flores das árvores vizinhas. Quando essa árvore finalmente começou a perder suas folhas, o fez no lado oposto da janela antes de deixar cair uma flor sequer do lado que dava para a janela de café da manhã de minha mãe. Que presente do meu padrasto. Que milagre. Em seguida minha mãe comissionou uma pintura daquela árvore, com sua abundância de flores, a qual ela me deu em celebração a George e a nossa experiência compartilhada. Pendurei essa pintura na área de vestir do meu banheiro, e me dá um profundo senso de paz e contentamento toda vez que olho para ela.

Minha viagem de volta a Jackson Hole foi penosa, porém calma. Nenhum alarme de incêndio ou outras dificuldades inesperadas. Quando finalmente cheguei em minha garagem, vi a grande coruja cinza pousar novamente. Acomodou-se num poste a uma distância de alcance de mim e nós estimamos carinhosamente uma a outra. Com lágrimas em meus olhos e gratidão em meu coração, reconheci o anjo na coruja e agradeci pela compaixão e aconselhamento que havia me dado.

Eu nunca mais vi a coruja desde então. Sua presença me lembrou mais uma vez que Deus nos ama, direciona nossos passos e está sempre disponível para nós de uma forma ou de outra. Realmente, os mensageiros de Deus estão por toda parte e vêm a nós em formas que podemos e iremos aceitar. Isso pode significar uma grande coruja cinza ou outro tipo de criatura para uma pessoa, e um ser humano para outra.

Como mencionei antes neste livro quando descrevia uma das minhas conversas com um anjo em um campo ensolarado no céu, há anjos à toda nossa volta e cada um de nós tem anjos "pessoais" que nos olham o dia todo, todos os dias. Eles nos ajudam, nos sacodem e nos guiam de todas as pequenas formas que geralmente não notamos. Algumas vezes nos empurram para frente, outras nos puxam para trás. Mas eles sempre querem muito que sigamos o caminho que nos foi traçado por Deus.

CAPÍTULO 22

INSPIRAÇÃO PARA OUTROS

"Louvar-te-ei, Senhor, de todo o meu coração;
Contarei todas as tuas maravilhas.
Alegrar-me-ei e exultarei em ti;
Ao teu nome, ó Altíssimo,
Eu cantarei louvores."

— Salmos 9:1 (TNV)

Uns dois meses depois, quando havia me recuperado um pouco fisicamente e me tornado um pouco mais móvel, eu fui chamada para falar para grupos de diversas igrejas locais. Havia grande interesse em ouvir minha história e eu estava feliz em compartilhar minha experiência de intervenções milagrosas de Deus em minha vida. Partes de minha história vêm sido recontadas em diversas ocasiões desde então, e por várias pessoas. Uma versão em áudio da minha apresentação original ainda está em circulação. Vejo o interesse contínuo em minha história como uma demonstração do desejo das pessoas de serem inspiradas, e acreditarem na possibilidade da intervenção de Deus.

É bastante difícil acreditar que um Deus todo poderoso poderia se importar com cada um de nós individualmente ou estar disposto a intervir diretamente em nossas vidas.

Eu sou uma cientista. Eu entendo números e estatísticas. Eu sou cética e um pouco cínica. Há tantas das criações de Deus nesse planeta e somos todos tão pequenos. Eu me pergunto como qualquer indivíduo pode ser significante quando comparado ao universo e como seria possível para Deus nos conhecer individualmente, ainda mais nos amar profundamente e interceder quando necessário.

O que um cientista não pode levar em conta é a alteração do tempo, espaço e dimensão que são de Deus. Certamente não consigo entender como funciona, mas experienciei e aceito que cada um de nós é um filho especial e valorizado de Deus. Nós somos humanos e não temos a capacidade de entender Deus ou começar a entender suas capacidades. Considere esse um exemplo irrisório: um pai com muitos filhos fica sem amor para dar? Esse mesmo pai valoriza menos um filho só porque ele também tem outros filhos, ou ele ama menos um filho quando este ocasionalmente o deixa irritado? A resposta a todas essas perguntas hipotéticas, claro, é "não". Quanto mais nós amamos, mais amor temos a oferecer. É assim como o amor de Deus por nós. É inesgotável.

Deus definitivamente conhece cada um de nós. Eu digo "conhece" em um absoluto, completo e puro sentido: como uma costureira conhece seu vestido quando ela cultivou algodão de uma semente, fiou as fibras de algodão em linha, trançou o tecido e costurou-o para fazer um vestido; ou como um carpinteiro conhece a cadeira que ele esculpiu à mão de uma árvore que ele mesmo plantou, cuidou e derrubou. Deus conhecia cada um de nós mesmo antes de nos enviar para o útero de nossas mães.

Contar a minha história deu aos outros não apenas inspiração como incentivou uma grande quantidade de pessoas a contarem suas próprias histórias. Eu não consigo contar o número de pessoas que me abordaram ou me ligaram, pedindo por alguns minutos do meu tempo. Cada um deles começa sua conversa do mesmo jeito: "Quero lhe contar sobre algo que me aconteceu... Eu nunca contei a ninguém sobre isso porque acho que ninguém acreditaria em mim." Então cada um prossegue me contando sobre uma experiência extraordinária que ocorreu na qual eles interagiram com anjos, comunicaram-se com os mensageiros de Deus ou passaram tempo com espíritos. Cada um deles se sente liberto após me contar sobre suas experiências, e é claro que cada um se sente validado ao falar comigo.

O cérebro humano é bastante bom em lembrar-se de eventos, mas não muito em lembrar-se de detalhes precisos. Se você pedir para a maioria das pessoas descreverem seus casamentos, o nascimento de um filho, ou outro evento importante da vida, os pequenos detalhes vão ter esvaecido e as histórias provavelmente terão algumas mudanças com o tempo. Pense em contos de pescador, que crescem a cada vez que são contados, ou o antigo jogo de "telefone sem fio" no qual uma história é cochichada de uma pessoa para outra. A última pessoa na linha conta a história em voz alta e, quando comparada com a versão original, é geralmente cheia de diferenças notáveis. Até mesmo sonhos vívidos raramente ficam em nossas memórias por mais do que alguns minutos.

Eu observei que um dos verdadeiros notáveis e consistentes aspectos de relatos de experiências que envolvem a presença ou intervenção de Deus é que a descrição da experiência permanece constante não importa quanto tempo tenha se passado. Pessoas que estiveram envolvidas em uma experiência divina lembram-se com claridade e constância os detalhes do incidente e vividamente se recordam de suas emoções como se elas tivessem acabado de acontecer.

As histórias de quase todo mundo que já falou comigo começavam com algum tipo de situação traumática. Isso é bastante previsível, e é triste que raramente tenhamos conexões espirituais tão intensas a não ser em condições de puro estresse. Acredito que qualquer um possa ter as mesmas conexões e experiências que eu tive, mas acho que estamos muito distraídos pelo mundo ao nosso redor quando estamos sob circunstâncias "normais". Quando estamos em circunstâncias extremas, essas distrações rapidamente desaparecem e somos capazes de discernir o que é mais importante: nosso relacionamento com Deus.

Sob circunstâncias normais, é geralmente bem difícil remover voluntariamente essas distrações para poder experienciar Deus. Paul Hayden, meu pastor, associa isso com as frequências num rádio. Precisamos sintonizar nossa alma na "frequência certa" para poder ouvir as mensagens sendo enviadas a nós por Deus.

Um dia, após eu ter me recuperado o suficiente para voltar a meu consultório médico, uma mulher que conhecia chegou ao meu escritório sem hora marcada. Ela sabia que era meu dia mais atribulado da semana de trabalho, mas insistiu em falar comigo. Agora, para entender essa parte da história, você precisa entender nossa história compartilhada. Logo após eu iniciar meu consultório médico em Wyoming, o marido dessa mulher veio a mim para se tratar. Ele se submeteu a uma grande cirurgia, a qual eu executei, e não houve complicações. Seu curso pelo hospital após a cirurgia foi inteiramente descomplicado; ele se sentia ótimo e lá pelo terceiro dia, eu estava começando a planejar sua alta do hospital.

Sem que eu tivesse conhecimento, meu paciente e sua esposa visitaram seu bispo da Igreja de Jesus Cristo dos Santos dos Últimos Dias antes de sua cirurgia e haviam recebido bênçãos dele a respeito dessa cirurgia. Ele disse à mulher do meu paciente que ela teria que abrir mão da coisa que mais amava. Ele disse ao meu paciente que Deus estava muito satisfeito com ele, então o véu entre esse mundo e o próximo estaria muito fino, e seria pedido a ele para fazer uma escolha.

Antes da cirurgia, meu paciente e sua esposa haviam discutido juntos a interpretação dessas bênçãos. Eles concluíram que meu paciente teria que escolher entre continuar sua vida na Terra ou morte física. Ambos eram devotados espiritualmente e sabiam que ele escolheria Deus.

No quarto dia após sua cirurgia, meu paciente caiu morto de repente enquanto estava no banheiro. Sua esposa mais tarde me disse que durante o dia de seu falecimento, seu marido esteve falando com anjos que ele disse estarem no quarto com eles. Ele ficava perguntando a ela se conseguia vê-los e estava desapontado por ela não poder. Ele disse a ela o quanto a amava e a valorizava como mulher, mas que tinha que ir com os anjos e a visitaria.

Agora de volta à história. Dado esse passado e o fato de que ela havia dirigido diversas horas para me ver, eu não podia negar seu pedido por um pouco do meu tempo. Sentamos no pátio externo e ela se desculpou profundamente por interromper meu dia, mas tinha algo de grande importância para me dizer. Estava bastante preocupada que algo bastante terrível fosse me acontecer, e sentiu que deveria me avisar. Me disse que na época, desde a morte de seu marido, o espírito dele visitava a casa deles ocasionalmente e lhe dava aconselhamento. Ela não o via há muitos meses, mas ele veio através dos sonhos dela no dia anterior a sua ida até meu escritório.

Durante a visita, o marido estava excitado e exultante. Disse a ela que eu estive num acidente terrível e que ele pediu ao Pai do Céu se ele poderia ser um dos enviados para me salvar. Conforme ele descreveu a ela, seu pedido foi honrado e ele estava muito contente de ter podido andar ao meu lado e de ter me levantado durante aquele tempo.

Sua esposa não sabia nada sobre meu acidente de bote no Chile, mas ela foi capaz de dar detalhes da cena que eram conhecidos apenas pelos que estavam presentes. Após ela completar sua história e incluir seu pedido para que eu tomasse cuidado, eu contei a ela a história de meu acidente. Apesar de ela ter ficado chocada pelo passado verbal em minha história, ela não estava chocada com a história em si, já que seu marido havia lhe contado muito dos mesmos detalhes.

CAPÍTULO 23

DEUS ROLA A PEDRA ADIANTE

"Quando você aprender a decidir com Deus,
Todas as decisões se tornam fáceis e certas como respirar.
Não há esforço, e
Você será guiado tão suavemente como se estivesse
Sendo carregado por um caminho tranquilo no verão."

— Um Curso em Milagres

Depois do meu acidente de caiaque, senti como se não pertencesse ao mundo e me senti isolada. Estava deprimida por estar na Terra e consumida tentando entender o que havia acontecido comigo e o que eu deveria fazer com o conhecimento que ganhei. Para tentar entender minha experiência, li diversos relatos de outras pessoas que passaram por experiências de quase morte. Eu encontrei algum conforto em descobrir que minhas emoções, reações e frustrações eram comuns após esse tipo de experiência.

Eu, assim como muitos que experienciaram a morte, não sentia mais o peso das preocupações terrenas.

Como resultado, eu me tornei muito mais tolerante com o comportamento alheio, mas muito menos tolerante com meu envolvimento pessoal com eles. Eu sempre busquei integração total em minha vida, mas agora eu estava determinada a tal. Era meu objetivo sempre ser uma mulher honesta, ética e de Deus em minha vida pessoal, minha vida familiar e minha vida profissional. Eu pretendia viver uma vida cheia de oração e agradecimentos e alegria e se tornou muito importante para mim que eu passasse meu tempo com pessoas que pensassem da mesma forma.

Bill e eu nos tornamos cada vez mais frustrados pelas atitudes e comportamentos de alguns de nossos parceiros médicos e, por volta de 2004, achamos que seria melhor se traçássemos nosso próprio caminho. Queríamos sair, mas deixar nosso grupo médico era uma decisão arriscada para nós. Era o único grupo ortopédico da cidade e todos os parceiros haviam assinado um acordo de "não competição". Nos sentíamos justificados em sair, mas era possível que nosso acordo de "não competição" fosse reforçado e tivéssemos que deixar a cidade em busca de trabalho.

Estávamos lutando com nossa incerteza quando saímos na primavera para uma viagem em família a Virgin Gorda, uma ilha nas Ilhas Virgens Britânicas. Ainda estávamos ansiosos quando acordamos na manhã de Páscoa, e Deus nos disse para não ter medo e prometeu "Eu estou com você, Eu lhe fortalecerei, Eu lhe ajudarei, Eu lhe sustentarei". De acordo com as promessas de Deus, a manhã de Páscoa provou ser um novo começo para nossa família. Fomos a um sermão na sala de conferências à beira da praia do hotel, onde ouvimos um enérgico pregador da ilha cujo carisma envolvia a reunião. Ele não pregou sobre os tópicos comuns da morte e ressurreição de Jesus. Ele escolheu falar sobre o medo sentido pelos guardas e do poder de Deus no dia da ressurreição de Cristo. Ele destacou que os Romanos tinham tanto medo de Jesus, apesar de suas alegações de que ele não era nada de especial, que selaram sua tumba seguramente e fixaram guardas por todos os lados.

No terceiro dia após a morte de Jesus, ouve um terremoto violento conforme um anjo do Senhor desceu do céu e rolou a pedra da tumba de Jesus. O argumento que o pregador fazia ao discutir essa história era de que quando Deus está envolvido, nada pode impedir a pedra de ser movida. Bill e eu sentíamos que Deus estava envolvido em nossas vidas e de que era hora de mover nossas pedras e nos libertarmos. Assim que deixamos o culto, enviamos nossas cartas de demissão eletronicamente para nosso gerente do escritório. Ficamos extasiados quando recebemos a confirmação de que eles haviam recebido e celebramos a chegada de nosso futuro desconhecido.

Dentro de dois meses, nos mudamos para nossos próprios escritórios e formamos um novo consultório médico juntos. Nunca mais olhamos para trás. Quando Deus está presente, as coisas acontecem. Nosso consultório foi bem-sucedido e quando o Dr. Alvis Forbes voltou de seu serviço militar na guerra do Golfo, ele também deixou nosso antigo grupo médico e se juntou a nós. Um homem de grande integridade, ele compartilhada nosso comprometimento com um estilo de vida integrado e centrado em Deus e sabíamos que tínhamos feito a escolha certa.

CAPÍTULO 24
WILLIE

"Não existem acidentes...
Existem apenas propósitos que ainda
não compreendemos."
— Deepak Chopra

Muito do que foi dito a mim pelo anjo no campo tinha a ver com meu filho mais velho, Willie. Antes de eu lhe apresentar Willie, eu preciso atestar categoricamente, mais uma vez, que eu acredito que crianças muito novas claramente se lembram de onde elas vieram e ainda estão bastante conectadas com o mundo de Deus. Acredito que se lembram facilmente das imagens, conhecimento e do amor do mundo que habitavam antes de seu nascimento. Eu acredito que crianças ainda sejam capazes de ver anjos, e muitas outras pessoas escreveram sobre esse fenômeno. Conforme jovens crianças se tornam mais comprometidas com o mundo, suas lembranças se esvaem e elas iniciam sua jornada pessoal, frequentemente repleta de desvios e caminhos sem saída, para encontrar seu caminho de volta a Deus. Elas precisam não apenas encontrar Deus, mas sim escolher livremente aceitar o amor e direcionamento de Deus. Ele deu aos humanos essa habilidade de escolher livremente, o que nos torna totalmente responsáveis por nossas escolhas, nossas ações e nossas vidas.

Livre arbítrio requer que primeiro uma pessoa entenda que a escolha que ele ou ela faz é inteiramente sua e que ela não está sendo "forçada" a escolher por algo ou alguém além dela mesma. Também requer que ela escolha entre duas ou mais alternativas, das quais somente uma poderá se realizar num devido tempo. Por exemplo, uma pessoa pode escolher aceitar ou recusar um convite para jantar, mas não pode fazer ambos ao mesmo tempo. Como descrito por estudiosos da psicologia, essa incapacidade de escolher simultaneamente mais de uma alternativa cria um conflito emocional interno. Esse conflito interno mostrou levar as pessoas a uma maior examinação de suas escolhas, resultando em uma crescente percepção de valor e um maior envolvimento em sua decisão final.

Cada pessoa pode escolher Deus ou rejeitá-lo, mas não pode fazê-lo simultaneamente. Escolhendo acreditar nas promessas de Deus por livre e espontânea vontade, o destino de uma pessoa pode ser mais fortemente abraçado e, portando, menos capaz de falhar em tempos de luta, tristeza ou outras dificuldades.

Durante minha hospitalização inicial após o acidente no Chile, quando falei com um dos anjos no campo iluminado de sol, perguntei a ele por quê todo mundo na Terra não ganhava a oportunidade de ter a mesma experiência que eu estava tendo. Parecia que se todos compartilhassem essa experiência, o ódio desapareceria, seríamos melhores administradores da Terra, erradicaríamos a fome, não estouraríamos mais guerras, e trataríamos uns aos outros de forma melhor em geral, diariamente. Eu já não me lembro mais das palavras exatas do anjo, mas sua resposta entretida reiterou os comentários de Jesus a Tomás *(João 20:27, 29 NIV)*: "Porque você me viu, você acreditou; abençoados são os que não viram e mesmo assim acreditaram."

Isso não é para dizer que crianças mais velhas e adultos não têm memória. Parece que Deus nos envia à Terra com um desejo profundamente enraizado de buscarmos significado e espiritualidade, e até satisfazermos esse desejo, experienciamos muito vazio em nossas almas. Algumas pessoas preenchem esse vazio com Deus, algumas preenchem com posses materiais ou outros desejos mundanos e algumas tentam não sentir esse vazio matando seus sentidos com drogas ou álcool.

É com essa compreensão da minha crença que contarei essa próxima parte da minha história. Willie e eu sempre fomos muito próximos e eu sempre senti uma profunda conexão espiritual com a alma dele. Quando ele era jovem, talvez quatro ou cinco anos, nós conversávamos antes de dormir. Eu não me lembro como surgiu o comentário, mas eu disse algo como: "Quando você tiver dezoito..."

Willie parecia chocado e disse: "Mas eu não vou ter dezoito."

Eu perguntei a ele "O que você disse?" com um tom meio jocoso. Ele me olhou de volta com seriedade, intensidade, curiosidade e descrença, quando disse, "Você sabe. Eu nunca terei dezoito anos. Esse é o plano. Você sabe disso." Ele disse como se eu estivesse brincando com ele. Claramente, eu devo saber o plano para a vida dele.

Essa troca de informação foi como uma facada no meu coração. Eu nunca esqueci e nunca descartei. Eu aproveitei cada dia subsequente com esse filho, imaginando qual seria o seu último.

Nos anos seguintes ao meu acidente de bote, intermitentemente pensava na minha conversa com o anjo a respeito de Willie e contemplava as razões da minha volta para a Terra. Dada a afirmação certa de Willie de que ele não chegaria aos dezoito anos, presumi que as expectativas a respeito de Willie tinham pouco a ver com sua proteção e mais a ver com o papel esperado de mim ajudando meu marido e minha família após a morte de Willie. Sem querer pesar sobre os outros com esses pensamentos, eu os guardei dentro de mim e não contei a ninguém. Parecia ter se tornado um jogo de espera, mas conforme a data do aniversário de dezoito anos de Willie se aproximava, eu me tornava repleta de luto antecipado.

Finalmente contei a meu marido sobre a conversa que havia ocorrido anos antes com nosso filho. Eu não estou certa se ele estava contente em dividir meu fardo de preocupação, mas certamente me fez sentir um pouco melhor contar a ele.

Em um sábado a noite durante o verão antes do aniversário de dezoito anos de Willie, tive um sonho no qual um garoto, o qual eu não conhecia, me disse que ele havia "trocado de lugar com Willie". Eu acordei confusa e perplexa. Fiquei bastante assustada mais tarde naquele dia ao descobrir que o menino em meu sonho, um querido e respeitado jovem de nossa comunidade, havia morrido na tarde anterior em um acidente de veículo automotor no seu caminho de uma reunião para nadar. Eu me senti culpada e conflitante em minhas emoções. Eu estava repleta de tristeza pela perda de outra família, mas aliviada por talvez a nossa ser poupada.

Dois meses depois, recebemos um telefonema nos contando a notícia trágica de que um querido amigo nosso havia morrido de repente e inesperadamente em um acampamento de caça. Quatro dias depois recebemos uma ligação similar nos contando sobre a morte de Alvis, nosso parceiro médico. Eles eram ambos amigos queridos e pessoas do tipo maiores que a vida, que eram ativas na comunidade de Jackson Hole por muitos anos. Estávamos devastados, a comunidade estava triste e nosso consultório era um local de luto.

Em nosso país, parecemos não ter mais funerais; ao invés disso temos "celebrações da vida". Mas na verdade, a única pessoa que celebra é a pessoa que morre. Aqueles que morreram experimentam a alegria de voltarem para a glória do mundo de Deus, enquanto as pessoas deixadas para trás estão tristes, solitárias e raramente se sente alegres a respeito da ocasião.

Eu não sou supersticiosa, mas eventos geralmente ocorrem em trios. Nossa comunidade estava de luto por três mortes. Poderia essa ser mais uma indicação de que a premonição de longa data de Willie não daria em nada?

Essa questão estava em meu coração um mês antes de seu aniversário, quando Willie, Eliot e Betsy viajaram para ir a um acampamento de esqui na Suécia. Os três dirigiram até Salt Lake City onde passaram a noite antes de irem ao aeroporto na manhã seguinte.

Após despacharem suas malas, Eliot e Betsy ficaram no aeroporto enquanto Willie voltou ao hotel, onde ele originalmente planejava deixar o carro estacionado. Quando ele percebeu que não teria tempo suficiente para voltar ao hotel e pegar o fretado de volta para pegar o voo, decidiu voltar ao estacionamento do aeroporto e deixar o carro por lá. Em seu caminho ao aeroporto, ele saiu da autoestrada e parou atrás de alguns carros que estavam alinhados em uma luz vermelha na rampa de saída. Seu pé escorregou do freio e o carro andou vários metros para frente, gentilmente acertando o para-choque do carro em sua frente. Ele não pensou que era um problema sério, mas saiu de seu carro de qualquer forma e foi até o outro carro. O outro motorista não moveu seu carro para fora da estrada, não saiu de seu carro, não abriu sua janela e não olhava para Willie.

Confuso pelo comportamento do motorista, Willie voltou para seu próprio carro, parou no acostamento e me ligou de seu celular. Pensando que talvez o outro motorista nao tivesse visto Willie ou sequer notado que seu carro havia sido atingido – senão por que mais ele teria parado na rampa de saída? – sugeri que Willie voltasse ao outro carro e batesse na janela para chamar a atenção do motorista. Ele o fez, mas obteve o mesmo resultado.

Ele voltou a seu carro e novamente, me ligou. Eu sugeri que Willie escrevesse as informações do nosso seguro em um pedaço de papel para dar ao outro motorista, andasse até o outro carro comigo ao telefone e oferecesse que eu falasse com ele. Ouvi pelo meu lado do telefone conforme Willie andava até o carro pela terceira vez e perguntava ao motorista se ele falaria comigo. Ouvi silêncio seguido por um grito penetrante.

O outro motorista havia sacado uma arma e estava apontando diretamente a Willie. Ele estava congelado de medo, mas felizmente seu celular estava congelado em sua orelha. Como resultado, não tive que superar seu grito para falar com ele. Eu fui capaz de falar diretamente em seu cérebro: "Corra, entre em seu carro, ligue a chave na ignição, dirija para longe, não pare!"

Não sei ao certo se meu filho teria sido baleado se eu não estivesse no telefone com ele quando o outro motorista apontou a arma, o que eu sei, no entanto, é que eu sou a única pessoa que poderia ter entrado no cérebro de Willie e dado a ele instruções que seguiria sem questionar. Acredito que, naquele dia em Salt Lake City, meu filho chegou a um ponto em sua vida que levava ou para a morte que ele havia previsto tantos anos antes ou à continuidade de sua vida. Apesar das palavras do anjo de que eu teria de ser uma rocha de apoio à minha família e comunidade após a morte de Willie, eu senti que o plano para Willie havia mudado. Porque eu estava viva, Willie ficou vivo...

CAPÍTULO 25
BILL

"Sabemos que todas as coisas cooperam para o bem
Daqueles que amam a Deus, daqueles que são chamados
Segundo o seu propósito."

— Romanos 8:28 (NVRJ)

Também fui enviada de volta à Terra para proteger a saúde de meu marido. Lembre-se que dois de nossos amigos queridos morreram inesperadamente, e ambos de presumidos ataques do coração. Eles eram homens da mesma faixa etária do meu marido: cinquenta e três anos de idade. E assim como ele, ambos estavam em boa forma física, ativos e nenhum fumava cigarros, bebia álcool ou usava drogas recreativas. Nenhum deles "deveria" ter morrido. Tinham famílias muito ligadas e amadas, assim como fé profunda.

Eu não queria que Bill andasse na mesma estrada que esses homens, então comecei a enchê-lo para fazer uma avaliação cardíaca. Se eu não tivesse voltado à Terra do meu acidente de bote e estado presente para insistir, Bill duvida que teria considerado fazer essa avaliação. Mas eu estava lá, então ele foi. Ele fez um escaneamento CT de contagem de cálcio em dezembro de 2007; um teste especializado que especificamente avalia a quantidade de cálcio presente nos vasos sanguíneos do coração. É uma forma não-invasiva de determinar se existe alguma doença na artéria coronária e, se existir, qual o grau.

A boa notícia era que seu coração estava perfeito: sem cálcio, sem doença na artéria coronária. Quando eles realizaram o escaneamento, no entanto, os médicos haviam desalinhado um pouquinho o escâner. Estava fora de centro por uma fração e na beirada — beiradinha mesmo — das imagens o radiologista notou um pequeno nódulo no tecido pulmonar de Bill.

Esperando que fosse evidência de uma infecção, Bill foi colocado sob tratamento de antibióticos. Em casa, quebramos nossas cabeças tentando pensar em alguma exposição incomum que ele pudesse ter tido com mofo, tuberculose ou outros tipos de infecção que eram encontrados com frequência em seu local de nascimento no sul da Califórnia. Alguns dias depois, quando um escaneamento repetido de seus pulmões mostrava a mesma coisa, ele se submeteu a uma biópsia guiada. Os resultados mostraram um tumor maligno no pulmão. Providenciamos a remoção desse tumor, o que era possível de ser realizado. Ele foi liberado do hospital após um dia e dentro de uma semana ele estava esquiando cuidadosamente. Seguiu se recuperando totalmente e seus exames futuros confirmaram a ausência de qualquer ocorrência. Seu desfecho positivo é provavelmente devido ao tamanho pequeno do tumor na época da descoberta.

Ao longo de nossas vidas, somos condicionados a ver cada um dos eventos dessa sequência isoladamente, e a pensar neles como sendo "coincidências" ou "sorte." Quando você considera a sequência inteira de acontecimentos, no entanto, é difícil descartar a possibilidade de serem miraculosos. Se nossos dois amigos não tivessem morrido, eu não teria insistido nesses exames. Se eu tivesse morrido no rio chileno, Bill provavelmente não teria feito uma avaliação no coração. Baseando-se no tipo de tumor, se o escâner não estivesse desalinhado, a massa não teria sido encontrada até estar bem maior, tornando-se tarde demais para esperar por uma cura. Se a massa identificada fosse dois milímetros menor, não estaria visível no exame. Três milímetros maior, e colocaria Bill em uma categoria estatística bem mais assustadora, com um prognóstico bem pior. Sem meu retorno do céu após o acidente, nossos quatro filhos poderiam virar órfãos. Na época, eu acreditava que essa era a proteção da minha família pela qual eu havia sido mandada de volta.

CAPÍTULO 26

CHAD

"Porque pela graça sois salvos, mediante a fé;
E isto não vem de vós; é dom de Deus."

— Efésios 2:8 (VPRB)

Chad Long era um jovem muito agradável, mas eu não o conhecia muito bem antes de minha viagem ao Chile. Sua fé espitirual foi mais uma explicação dada a mim para meu retorno à Terra e me disseram que eu teria um papel importante em sua transformação num homem de Deus. Durante anos essa foi a fonte de uma grande confusão para mim, pois eu já acreditava que Chad era um homem de Deus: ele nasceu numa família cristã, casou-se com uma mulher cristã e nunca foi tímido ao discutir o papel de Deus em sua vida e na de sua família. Apesar de saber o que o anjo havia me dito, eu realmente não sabia com o quê eu poderia contribuir para a fé de Chad.

Na preparação para escrever esse livro, falei individualmente com cada um dos Longs. Pedi para eles recontarem, sem minhas interrupções ou comentários, suas lembranças das circunstâncias do meu acidente de bote e também relembrarem suas emoções. Chad me deu seu relato e, conforme ele estava descrevendo os efeitos que os eventos tiveram em sua vida, revelou que por muitos anos seguidos antes de minha viagem ao Chile ele estava em um "lugar ruim". Ele não tinha sido a pessoa que queria ser, e sentia que estava sofrendo a velha batalha entre Deus e Satã. Antes de ir ao Chile no inverno de 1999, ele esteve lutando em um relacionamento que não era saudável e mentindo a si mesmo e aos outros sobre o tipo de pessoa na qual ele estava se tornando.

Ao fim da temporada de caiaque chilena que eu e Bill fomos, Chad voltou a Idaho com lembranças do meu acidente, porém também entrou novamente no mesmo relacionamento não saudável e ambiente pessoal que ele havia deixado. Ele lutou com sua fé, especialmente com a questão de como ser um homem de Deus. Me disse que quando se permitiu contemplar as experiências e milagres relacionados ao meu acidente, começou a entender e acreditar que se uma pessoa pode se desapegar de sua lógica terrena da vida, viver em fé e dar o controle a Deus, grandes coisas podem acontecer e o supernatural pode ocorrer. Sem Deus, nossas opções são limitadas.

Ele aponta meu acidente como sendo um grande ponto de virada em sua vida; o ponto no qual ele se tornou confortável em sua fé e confortável em seu relacionamento com Deus. Resultou em sua escolha consciente de fazer as mudanças necessárias para levar uma vida divina.

Chad agora está reconciliado com Deus, não está mais com medo de alienar as pessoas por ser aberto sobre sua fé e conta com Deus para reger seu destino. Conversando com ele sobre o impacto do meu acidente sobre sua vida resolveu minha confusão sobre o que o anjo havia me dito e sou profundamente grata de ter sido um instrumento através do qual Deus o chamou.

CAPÍTULO 27

COMPULSÃO POR ESCREVER

"Quando te desviares para a direita e quando te desviares para a esquerda,
os teus ouvidos ouvirão atrás de ti uma palavra, dizendo,
Este é o caminho;
andai por ele."

— Isaías 30:21 (NVI)

A vida em nosso lar é movimentada e geralmente cheia de atividades. Cada um de nós tem uma variedade de interesses e entretenimentos, o que torna nossa rotina em casa excitante, interessante e satisfatória, se não sempre previsível. No começo de 2009, eu havia atingido o que eu acreditava ser uma das muitas expectativas de Deus para a minha vida e me sinto contentada por isso. Meu marido estava saudável, nossos três filhos mais novos estavam ativos, felizes e tornando-se pessoas maravilhosas, e Willie, nosso filho mais velho, estava prosperando positivamente.

No período após seu décimo oitavo aniversário, Willie levou uma vida alegre, embora frenética. Ele teve uma temporada fantástica de esqui nórdico, vencendo seu sétimo e oitavo Campeonatos Estaduais de Wyoming (um recorde pelo qual ele foi destaque na sessão "Rostos na Multidão" da revista *Sports Illustrated*). Ele também expandiu a organização não governamental que criou para promover políticas locais não ociosas e alistou o apoio de muitas lojas locais para a causa. Acreditava fortemente que encorajando as pessoas a fazer uma escolha consciente e baseada no meio ambiente, como desligar os motores de seus carros, os incitaria a pensar em suas escolhas também. Até pequenas alternativas podem fazer a diferença quando somadas. Ele considerava que cada um de nós somos a onda de esperança descrita no discurso de 1966 de Robert Kennedy na Universidade de Capetown, na África do Sul:

"É de diversos incontáveis atos de coragem
e crença que a história humana é moldada. Cada
vez que um homem apoia um ideal, ou atos para
melhorar os muitos outros, ou ataca
a injustiça, ele manda para a frente uma pequena
onda de esperança, e,
cruzando umas às outras de um milhão
de centros de energia e
ousadia diferentes, essas ondas formam uma corrente
que pode varrer os mais poderosos muros
de opressão e resistência."

Willie estava intrigado com o processo político como meio de mudança, então trabalhou em diversas campanhas. Em 2008, quando tinha apenas dezoito anos, foi eleito para delegado de Wyoming na Convenção Nacional Democrática em Denver, Colorado, onde orgulhosamente lançou seu voto para o Senador Barack Obama se tornar o candidato presidencial. Ele abraçou a esperança para o futuro que o Senador incorporava. Havia sinceridade, energia e um interminável fluxo de ideias em Willie para viver com responsabilidade e fazer uma diferença em nosso mundo e inspirar aqueles à sua volta a se importar com problemas, a se envolver, e a se tornarem pessoas melhores durante o processo. Eu não poderia estar mais satisfeita com o homem que Willie estava se tornando.

Apesar do meu razoável senso de contentamento, sabia que eu tinha pelo menos um grande trabalho a fazer antes que eu pudesse realmente descansar contente na presença de Deus: eu deveria compartilhar minha história de vida e experiências escrevendo-as e falando sobre elas. Eu sabia que havia ganho todo esse conhecimento em minha vida, minha morte e meu retorno para que pudesse usar minhas vivências e observações para ajudar os outros a pararem de duvidar e apenas acreditar. Acreditar que a vida espiritual é mais importante do que a física. Acreditar que Deus está presente e trabalhando em nossas vidas e no nosso mundo. Acreditar que cada um de nós somos parte de uma complexa tapeçaria da criação. Acreditar que não existe tal coisa como "coincidência".

Eu sabia o que eu devia fazer, apenas não queria fazê-lo.

Nos anos após meu acidente de bote, facilmente segui o decreto de Deus de ser sempre alegre, rezar sem parar e ser agradecida em todas as circunstâncias. Minhas experiências com Deus foram uma parte de cada suspiro que dei (até mesmo quando batizei minha bicicleta de "Suspiro de Vida". Eu nunca parei de sentir gratidão por todas as bênçãos que recebi; apenas não sentia vontade de escrever sobre elas. Eu senti uma culpa por não completar minha tarefa e até mesmo por pensar nela como "tarefa" ao invés de um privilégio. Senti culpa por não estar à altura do que eu imaginava serem as expectativas de Deus para mim. Senti uma pressão crescente para escrever minha história, mas eu continuava colocando-a no fundo da lista de coisas chatas que eu precisava/queria fazer... organizar a garagem, esvaziar os armários de roupas que não eram mais usadas, enviar cartões de natal a tempo, ser melhor em escrever/ligar para minha família, organizar álbuns de fotos, e assim por diante.

Eu sou muito boa em procrastinar, então continuei vivendo minha vida normalmente até que, muito inesperadamente na primavera de 2009, fui acordada na madrugada por uma necessidade dominante de colocar minha história em palavras. Me consumiu completamente. Eu pulava da cama às quatro ou cindo da manhã todos os dias (as únicas horas em que eu podia escrever sem ser interrompida) e maravilhava-me com o quão facilmente as palavras saíam de mim para a tela do computador. Escrevia fervorosamente por umas duas horas antes de iniciar a rotina matinal de nossa família de se arrumar para a escola e o trabalho. Em uma semana, o primeiro rascunho deste livro estava terminado. Encontrava-me emocionalmente esgotada, mas rapidamente trabalhei em algumas revisões antes de perder a motivação mais uma vez.

Era uma época atribulada para minha família e eu deixei esse manuscrito definhar por uns dois meses enquanto me concentrava nas atividades diárias de nossas vidas. Peter estava terminando seu segundo ano no ensino fundamental. Betsy estava finalizando seu primeiro ano do colegial e Eliot estava refletindo sobre suas escolhas de faculdade enquanto se preparava para sua formatura escolar. Willie estava temporariamente morando em Washington, D.C, trabalhando no escritório do Senador John Kerry, e Bill e eu continuamos a trabalhar enquanto tentávamos organizar a agenda de todo mundo.

Willie completou seu estágio em Washington e voltou a Wyoming para ajudar a celebrar a formatura de Eliot em 29 de maio de 2009. Os irmãos planejavam sair de Jackson Hole na semana seguinte para começar sua próxima aventura; eles planejavam dirigir através do país e morarem juntos no norte do Maine enquanto treinariam esqui por seis meses com o Clube de Esportes de Inverno do Maine. No dia antes da partida deles, Willie me perguntou sobre escrever um testamento. Ele queria saber quem escrevia um testamento, por que uma pessoa escreveria um testamento, e se ele deveria escrever um. Ele também queria saber se eu tinha um seguro de vida para ele e, ao descobrir que eu nunca havia pensado nisso, queria saber como poderia arranjar um. Ele me importunou com isso. Apesar de estar me sentindo estranha por ter essa conversa com um jovem saudável de dezenove anos, eu o assegurei de que iria olhar o assunto.

Emocionalmente, eu sou estável e nunca fiquei particularmente perturbada quando algum dos meus filhos começava algo novo ou partia para uma aventura. Eu sempre fiquei excitada por eles e soube que ficaríamos em contato. Na manhã que meus dois meninos seguiram para o Maine foi diferente. O Subaru de Willie estava lotado das posses mais valiosas deles e conforme eu assistia-os fazendo os preparativos finais eu senti meus olhos se enchendo de lágrimas. Não sei bem por que, mas me lembrou do dia em que levei Willie ao seu primeiro dia de aula na pré-escola. Naquele dia, que agora parece outra vida, ele me deu um beijo, e então confiantemente saiu do meu lado e entrou pela porta da classe. Conforme o olhei subir na calçada e andar em direção ao seu futuro, o simbolismo de tudo me esmagou e eu me choquei ao chorar durante quase todo o caminho para casa.

Conforme eu e os meninos ficamos ao lado do Subaro dizendo "adeus", fiquei dizendo a eles como os amava muito, disse para terem cuidado dirigindo, para me ligarem da estrada, e outras coisas que mães geralmente dizem nessas horas. Quando nos abraçamos, comecei a chorar e quase não consegui largá-los. Eu me lembro de abraçar Willie um pouco a mais do que eu normalmente faria, olhando diretamente em seus olhos e dizendo o quanto eu o amava e que homem extraordinário ele havia se tornado. Eu disse aos dois o quão orgulhosos eu e Bill estávamos dos dois e que grande aventura eles teriam juntos. Eles foram embora e, apesar de falar com eles muitas vezes enquanto estavam na estrada, eu ainda me sentia deslocada.

Talvez eu estivesse esperando incertamente um futuro que eu já havia visto.

CAPÍTULO 28

O DIA MAIS LONGO DO ANO

"E eis que estou convosco todos os dias,
até à consumação do século."

— Mateus 28:20 (TNV)

Os meninos chegaram a Fort Kent, Maine, e se acomodaram a uma rotina. Eles viviam no centro de treinamento com vários outros atletas e estavam ansiosos com o programa de atividades. Eles se exercitavam muito e dividiam um monte de risadas enquanto exploravam seus novos arredores. Nossos amigos, Sophie e Derek, cujos filhos frequentaram a escola junto com os meninos, eram donos de uma cabana de pesca não muito longe de onde os garotos estavam morando. A cabana é no Canadá, nas margens do grande rio Cascapedia. O ritmo de vida lá é relaxado e repleto de atividades como nado, pesca em canoas, jogos, fazer corações de xarope de bordo enquanto contam histórias em volta de uma fogueira. A família de Sophie e Derek passa um tempo lá durante o verão e os meninos aceitaram contentes seu convite para visitá-los.

Em uma tarde, Willie estava pescando em uma canoa com Sophie e seus dois lindos golden retrievers, Rusty e Lucky. Sophie é uma pessoa excepcionalmente amável e motivadora que gostava de ouvir e encorajar todas as muitas, muitas ideias de Willie para o futuro. Sabendo que sua vida estava mais do que intensa e normalmente se movia em um ritmo muito rápido, Sophie ficou surpresa ao ver que Willie era um pescador calmo e gracioso. Ele não estava entediado e parecia não ligar se pegaria um peixe ou não; estava simplesmente aproveitando a beleza que o cercava e a diminuição e o fluxo do rio enquanto conversava com ela. Aparentemente do nada, Willie perguntou a Sophie o que ela sabia sobre a alma. Ela seguiu respondendo que acreditava que a alma era a essência do ser que tem uma conexão direta com Deus. Disse a ele que acha que nossas almas são atemporais e vêm à Terra para aprender algo novo ou alcançar crescimento espiritual.

Willie parecia bastante interessado nos pensamentos dela, perguntou várias outras questões, então silenciosamente pareceu contemplar o que ela havia dito. Então disse o quão feliz ele era e o quão agradecido era pela vida que ele havia vivido. Eles logo remaram para onde o filho de Sophie estava parado na margem do rio e quando eles saíram da canoa, ela contemplou a habilidade de Willie em facilmente transitar da discussão deles sobre a alma para ir brincar com seu amigo. Willie acordou no dia seguinte e comeu suas usuais cinco fatias de bacon, quatro ovos, duas torradas e panquecas com xarope de bordo caseiro antes de voltar a Fort Kent com Eliot para retomar seu treino de esqui.

Nas primeiras horas de 21 de junho de 2009, novamente senti uma absoluta compulsão por terminar esse manuscrito e uma intensa pressão para completar meu trabalho. Pelo começo da tarde, eu finalmente terminei o que pensei ser a versão final de meu manuscrito. A intensidade da euforia que senti quando apertei o botão "salvar" e desliguei meu computador era algo que nunca havia sentido antes e tenho dificuldade em descrever adequadamente. Havia uma explosão de liberdade dentro de minha alma. Eu me sentia leve, feliz e magnífica. Estava repleta de alívio por ter completado essa tarefa e grata pelas experiências que levaram a ela. Eu havia sido obediente a Deus. A vida não poderia parecer melhor.

Eu ainda estava com o coração leve quando meu filho mais novo, Peter, e eu estávamos dirigindo até a cidade mais tarde, naquele dia. Decidimos provocar Eliot sobre uma coisa, então ligamos para ele do meu carro. Eu devo ter apertado o viva voz acidentalmente, pois quando a ligação foi atendida por uma voz desconhecida Peter também foi capaz de ouvir as palavras daquela pessoa. Perguntamos por Eliot, mas o homem do outro lado da linha disse que Eliot não podia falar. Apesar de não haver diversão em sua voz, pensamos que ele estava tentando ser engraçado. Eu realmente não havia reconhecido o nome da pessoa da ligação, então pensei que era um dos outros esquiadores do programa de treinamento. Eu pedi a ele que parasse de brincar e desse o telefone a Eliot. Ele novamente disse seu nome (era um dos treinadores de esqui dos meninos), e me disse que Willie havia se envolvido em um acidente de esqui de rolagem e estava morto.

Conforme eu tentava controlar o pânico emergente que estava começando a atormentar meu cérebro e controlar minha respiração, eu disse a ele para parar de brincar, que não era engraçado, e novamente pedi a ele que passasse o telefone a Eliot. Essa conversa se repetiu continuamente conforme eu imediatamente dei a volta com o carro e corri para casa. Realmente não podia nem compreender as palavras que ele estava dizendo. Eu corri para dentro de nossa casa e gritei para meu marido “fale com esse homem porque não sei nem mesmo o que ele está dizendo!”

Nosso mundo estava mudado para sempre.

CAPÍTULO 29

MEU BELO FILHO

"Aquietai-vos
E sabeis que sou Deus."

— Salmos 46:10 (NVRJ)

Do outro lado do país, aquele mesmo dia começou com um senso de alegria similar. Willie passou a manhã com Eliot, e então encontrou sua amiga Hilary (outra esquiadora), durante a tarde, na casa de sua família em Fort Fairfield. Eles planejavam passar a tarde restaurando uma bicicleta antiga enferrujada que haviam pegado em uma venda de garagem no começo do verão, e então foram esquiar de rolagem por algumas horas antes de jantar com a família dela. Se você não é familiarizado com isso, esquis de rolagem são uma versão para terra seca do equipamento de esqui. Parecem esquis bem curtos, com ligas de esqui em cima e rodas de polietileno em cada ponta. Um atleta pode usá-los para "esquiar" no asfalto, com ou sem o uso das varas de esqui. São usadas pelos esquiadores nórdicos para aumentar a resistência, trabalhar na técnica e desenvolver força específica de esqui quando não há neve.

Em 21 de junho de 2009 era o solstício de verão, o dia mais longo do ano, e estava um tempo lindo na Nova Inglaterra. Enquanto esquiavam por um cemitério, Willie contou a Hilary a história de como ele havia me dito, quando era muito novo, que não chegaria aos dezoito anos, e da minha ida ao seu quarto de hotel de West Yellowstone às 4 da manhã de seu aniversário para abraçá-lo e verificar se ele estava vivo. Eles seguiram falando sobre a morte e o que ela significava para cada um deles. Ele então se tornou bastante específico em descrever seus sentimentos sobre a morte e disse a Hilary o que gostaria que fosse feito quando chegasse a sua hora. Foi claro, por exemplo, sobre seu desejo de ser cremado. Expressou sua opinião de que usar a terra para enterros não era condizente com seu amor pelo planeta e sua paixão por ser um guardião responsável pelo meio ambiente.

Conforme esquiaram em direção ao meio do caminho, eles estavam no topo de um morro voltado para um belo rio. O sol estava se pondo e os raios dourados de luz brincavam na água, nas árvores e nas motanhas distantes, criando uma qualidade mágica à cena quando eles pararam para absorver tudo. O comentário final de Willie ao voltarem a esquiar foi: "Se morrêssemos, não seria essa uma incrível última visão." Menos de três minutos depois, Willie estava morto.

Erik, um jovem de Fort Fairfield que havia celebrado seu aniversário de dezoito anos apenas duas semanas antes, havia decidido apenas "digirir por aí" aquela noite.

Quando seu carro se aproximou da parte da estrada onde Hilary e Willie estavam esquiando, ambos ouviram o motor do carro e se afastaram o máximo possível do lado direito da estrada. Eles continuaram esquiando pela beira da rodovia e esperaram o carro passar. Isso é algo que todo esquiador nórdico já experienciou milhares de vezes durante seu treinamento fora de temporada. Enquanto esperavam, eles não tinham como saber que Erik estava distraído com seu celular. Ele teria quase quatrocentos metros de visão clara de Hilary e Willie se estivesse prestando atenção enquanto estava dirigindo, porém não viu nada.

Erik não acertou Hilary, que estava esquiando atrás de Willie, a apenas alguns centímetros de distância. Assustada, ela olhou para cima e assistiu com horror quando o carro em velocidade de Erik acertava Willie por trás. Meu belo filho morreu instantaneamente.

CAPÍTULO 30

O OUTRO LADO DO TEMPO

"Faz-me ouvir, pela manhã, da tua graça
Pois em ti confio;
Mostra-me o caminho por onde devo andar,
Porque a ti elevo a minha alma."

— Salmos 143:8 (GNT)

Pela meia-noite do dia vinte e um de junho, graças à bondade de Deus e graciosidade de um conhecido e filantropista local, Bill, Peter, eu, o pastor de nossa família e nossos queridos amigos Dave e Ellen, que "coincidentemente" estavam em um ponto de suas carreiras onde eles eram capazes de largar tudo e sair da cidade, estávamos sendo levados para o Maine em um voo privado na escuridão do céu noturno. Nossa filha, Betsy, que estava visitando amigos em Vermont, estava sendo levada por eles a Fort Fairfield, e Eliot estava ficando com a família de Hilary. Após uma noite de descrença, eles, juntamente com Eliot, nos encontraram no aeroporto, quando chegamos cedo na manhã seguinte.

Willie morreu instantaneamente, então ele nunca chegou a ser levado a um hospital. Dirigimos direto para a casa funerária e passamos as longas horas da manhã limpando o sangue do corpo quebrado de Willie e ungindo-o com nossas lágrimas e nosso amor. Durante esse tempo de dor inimaginável, Deus gentilmente nos segurou, nos amou e nos carregou.

Visitamos o local da morte de Willie e eu fui atingida por muitas emoções enquanto vagarosamente examinávamos e absorvíamos os detalhes da área. Minha primeira observação foi que Willie não estava lá. Eu não senti nenhuma conexão profunda ou reação emocional ao lugar físico. Mal parecia o lugar onde seu espírito tinha deixado este mundo. Secundariamente, tive a sensação de que ele havia tentado deixar o lugar o melhor que podia para nós – acessível, identificável e lindo. O corpo amarrotado dele havia aterrissado em uma área coberta por rosas alpinas que estavam florescendo, de frente para um vale com riacho em zigue-zague e verdes morros.

Eu não tenho certeza de por que importa para mim, mas o local da morte de Willie era tão nobre quanto alguém poderia desejar. Deus levou nosso filho, mas não havia nenhum "ceifador sombrio". Eu acredito que Ele enviou seus mais gentis e amáveis anjos para buscar a alma de Willie e levá-lo ao céu.

Nossos dias em Fort Fairfield passaram bastante devagar, com um senso de realidade claramente alterado. Nossa fé, nosso pastor e nossos amigos nos deram o apoio e a firme, mas compassiva, direção que nos ajudou a cambalear através desses dias. Sem eles e a absoluta aceitação de que nossas vidas são todas parte de um plano maior de Deus, teria sido quase impossível aguentar a viagem ao Maine ou a viagem emocionalmente exaustiva para casa com as cinzas de Willie.

Enquanto no Maine, fomos protegidos e abrigados pelas pessoas e pelos telefonemas. Conforme voltamos para casa, ficamos cada vez mais ansiosos com o que os próximos dias e semanas poderiam trazer. Não tínhamos desejo de falar nem de ver ninguém. Nós realmente apenas queríamos ficar em nosso mundo de dor, isolados. Foi, no entanto, profundamente emocional para nós sermos imediatamente arrancados desse mundo e colocados em contato com o apoio atencioso e carinhoso de nossos amigos e vizinhos no momento em que chegamos em casa; eles haviam alinhado nossa varanda com uma adorável coleção de plantas. Willie apreciava profundamente a beleza de flores desabrochando, mas ele nunca foi um grande fã de flores cortadas, já que elas exercem um papel tão transitório: cortadas, apreciadas por um tempo limitado e então jogadas fora com o lixo. A decisão de nossos vizinhos de trazer flores desabrochando em vasos ao invés de flores cortadas honrou perfeitamente Willie e nos acolheu visualmente com seu amor.

Juntamente com as flores veio a promessa de plantá-las na semana seguinte no que se tornaria um jardim de flores perene. Meu único trabalho era decidir onde as flores seriam plantadas. Nosso lar fica sobre seis hectares do que era um rancho. Além de gramas selvagens, a única vegetação consiste em árvores, arbustos e pedaços de grama doméstica que plantamos quando construímos e fizemos o paisagismo da nossa casa. Essa área não é muito extensa, mas sempre tive grande prazer em andar pela propriedade e estudar a terra. Willie e eu frequentemente dividíamos esse prazer juntos, e adorávamos notar as muitas mudanças de cor, forma e abundância das variadas plantações conforme a Terra mudava de estações.

Nos dias após nosso retorno do Maine, andar pela nossa propriedade era a única atividade que trazia uma leve sensação de calma ao meu turbulento e dilacerado espírito. Conforme eu andava, tentava trazer algum sentido à minha vida, pensava no que dizer na missa do meu filho e fazia detalhadas contagens mentais sobre o nosso espaço, tentando decidir um local para o jardim de flores de Willie. Numa manhã, enquanto eu passava por um pequeno grupo de salgueiros, me deparei com uma grande surpresa. A área em volta e dentro de cada salgueiro estava transbordando com um cor-de-rosa vívido, forte e profundo dos botões de rosas alpinas selvagens. Essas flores eram da exata cor, formato e aparência que as que estavam florescendo no campo onde Willie morreu. Antes de visitar o local do acidente de Willie, eu nunca havia visto uma flor dessas, e certamente, nunca havia visto uma em nossa propriedade.

Willie sabia a história das flores rosas na árvore de pêras Bradford que apareceram imediatamente após a morte de meu padrasto. Ele sabia o quanto significativo e emocional aquele evento tinha sido para minha mãe e eu, e além disso, ele havia visto a pintura da árvore pendurada em meu banheiro muitas, muitas vezes. Eu sei que Willie nos mandou uma mensagem aquele dia através das rosas; uma de apreciação, amor, gratidão e um senso de desculpas por partir. Eu acredito que esse seria um dos poucos meios de comunicação que nós não questionaríamos.

Completando a história da árvore de pêras Bradford, após florescer lindamente por cinco anos, foi inesperadamente atingida por um raio e destruída, servindo como mensagem para dizer para minha mãe que estava "na hora de seguir em frente" com sua vida. Me faz pensar se as lindas rosas alpinas que agora tão amavelmente cuidamos em nossa propriedade irão um dia desaparecer.

CAPÍTULO 31

PRESENTES DE COMPAIXÃO

"Amor e compaixão são
Necessidades, não luxos."

— Dalai Lama

Nas primeiras semanas seguintes à morte de Willie, houveram outros gestos de amor e gentileza que eu e minha família achamos confortantes. Um dia, um *notebook* apareceu na prateleira de livros. Nele estavam diversas cartas que Willie havia escrito na véspera de seu décimo nono aniversário, que foi vários meses antes de sua morte.

Ele havia escrito cartas a alguns de seus treinadores e amigos, agradecendo-os por suas memórias compartilhadas, seu apoio e pelo impacto que eles haviam tido em sua vida. Ele escreveu uma ao presidente eleito Obama, encorajando o senso de otimismo e esperança para o seu futuro; uma para Will.I.Am, o músico que criou a colagem "Yes We Can" assim como a canção "It's a New Day"; e uma ao presidente Lincoln na qual ele destacou a sensação de calma e profunda inspiração que sentiu quando sentou em seu monumento localizado em Washington, D.C. Willie escreveu que ele achou que podia fazer uma diferença e talvez vir a ser o próximo Abraham Lincoln. Ele queria tornar "o mundo *todo* um lugar melhor".

Meu filho também escreveu uma carta a si mesmo. Nela, falava sobre a grande aventura que foi sua vida. Ele observou que faltava simplicidade, mas chutou que era por ter "tanta coisa para ver e fazer em tão pouco tempo". Ele também escreveu o quanto era grato por sua família, seus amigos, seu Deus e sua fé. Essa carta foi um presente tão grande para mim. Ela me assegurou que Willie tinha uma relação com Deus, entendia sua importância, e estava "bem" com Ele antes de sua morte.

Willie tinha um jeito de fazer todos se sentirem únicos e saber que cada um tinha uma relação especial com ele. Após a morte de Willie, muitas pessoas vieram expressar sua tristeza e gratidão pela vida que Willie levou. Todos eles mencionaram formas como ele mudou suas vidas para melhor. O senador John Kerry ligou para expressar suas condolências. Ele destacou a influência de Willie em seu escritório, as mudanças que inspirou e o impacto que ele teve na equipe do senador. O senador Kerry também gravou um tributo em vídeo para a missa de Willie.

A cantora e compositora Carole King, que também foi inspirada pela paixão de Willie, nos enviou a seguinte letra e música, a qual tocamos em sua missa. A homenagem dela nos deu um grande conforto, já que a melodia é linda e a letra apropriada.

Em Nome do Amor

Faça as coisas nas quais acredita
Em nome do amor
E saiba que não está sozinho
Todos temos dúvidas e medos

Saiba que durante toda estação
Você é o nome do amor
E você continuará se sentindo em casa
Durante os anos por vir

Mudança é certa
Isso todos nós sabemos
Cada dia abrindo a cortina
De um novo show

Através do seu sofrimento e luto
Não se esqueça do nome do amor
Ele segue sem nenhum fim
Para sempre

Nascimento e vida e morte fazem um círculo
Do qual todos fazemos parte
Para ver a luz eterna

Viva em nome do amor
Para sempre

Os membros da comunidade choraram e lamentaram conosco. O mundo do esqui estava em choque e de coração partido. Centenas de pessoas de todo o país vieram para a missa de Willie, oraram conosco e por nós e fizeram o que puderam para diminuir a nossa dor. Nos encontrávamos com nosso pastor diariamente e estávamos cercados de amigos próximos. Eu preguei o seguinte credo diário em nossa geladeira e me agarrei a ele para sobreviver.

Meu Credo Diário

Eu acredito que as promessas de Deus são verdadeiras.
Eu acredito que o céu é real.
Eu acredito que nada pode me separar do amor de Deus.
Eu acredito que Deus tem trabalho para mim.
Eu acredito que Deus irá me guiar e me carregar quando eu não puder andar.

Deus continuou a carregar nossa família mês após mês, conforme lutávamos para colocar um pé na frente do outro. Eu não entendo como qualquer pessoa consegue fazer essa jornada sem confiar no plano de Deus.

Crescendo fui ensinada que o *Salmo 23:4* ("Ainda que eu ande pelo vale da sombra da morte, não temerei mal nenhum, porque tu estás comigo; o teu bordão e o teu cajado me consolam") se referia à própria morte de uma pessoa e a jornada perigosa de volta a Deus. Agora acredito que na verdade se refere às pessoas que ficam para trás para se lamentar. Já que pessoas de luto andam pelo vale da sombra da morte de uma pessoa amada, sua tristeza, confusão, raiva e desespero podem inadvertidamente deixar a porta de seus corações aberta, permitindo que o mal entre silenciosamente.

Eu havia experienciado a morte antes – de avós, pais, amigos – e descobri que luto é sempre um processo lento e isolado, já que a morte de uma pessoa amada carrega significados diferentes para cada um que está sofrendo. Nessas circunstâncias, no entanto, normalmente é possível procurar um cônjuge ou outro membro da família para apoio. O isolamento do luto após a morte de um filho ou irmão é exponencialmente aumentado pelo fato de que familiares próximos, que do contrário poderiam oferecer apoio, estão igualmente tomados pela dor.

O tempo de Deus é sempre perfeito e acho que talvez seja por isso que eu estava desmotivada a colocar minha história em palavras antes da primavera de 2009. A escrita deste manuscrito foi uma experiência emocional intensa para mim. Eu havia sido bem rigorosa durante os anos em relação à restringir a quantidade de tempo que eu me permitia pensar sobre os eventos acerca da minha própria morte e retorno à vida. Eu amo minha vida, amo minha família docemente e sei que meu trabalho na Terra não está terminado. Apesar disso, lembrar-se da atraente magnitude do mundo de Deus tão vividamente tornaria fácil ser consumida por um profundo desejo de voltar. Eu sempre protegi meu coração não pensando nisso de forma intensa ou por muito tempo. Eu imagino que esse desejo é similar com o profundo desejo de recuperação que viciados devem sentir quando eles carinhosamente se lembram dos melhores momentos de seu antigo abuso de substância. De qualquer forma, sempre achei emocionalmente exaustivo e perigoso passar muito tempo me lembrando não apenas dos fatos e eventos, mas reexperimentando as emoções em si.

Escrevendo este livro, eu me permiti abraçar totalmente as experiências espirituais que tive durante meu acidente e suas consequências: reviver os detalhes e me imergir na realidade física, emocional e espiritual daquele momento. Fazendo-o, eu fui frescamente enchida com a recordação e o conhecimento da presença contínua e ativa de Deus em minha vida, Sua absoluta graça, Seu amor puro e Suas promessas para o futuro. Eu fui, novamente, preenchida pela alegria de Seu espírito e a sabedoria de que todo evento faz parte de uma maior e mais bela tapeçaria.

Revisitar e reexperienciar essas emoções e memórias me deu a habilidade de ser a rocha de apoio físico, emocional e espitirual que provou ser tão essencial para minha família e minha comunidade após a morte de Willie.

Talvez, se eu tivesse escrito este livro muitos anos antes, eu não me lembraria tão claramente das palavras ditas a mim pelos anjos ou as muitas razões para meu retorno à Terra.

Bill e eu ficamos surpresos ao descobrir que uma emoção predominante durante o primeiro ano era medo. Medo de que nunca fôssemos emergir da neblina emocional. Medo de que não fôssemos capazes de experienciar alegria nunca mais. Medo de que falhássemos com nossos filhos restantes. Medo de que fôssemos esquecer. Acho que muito do medo e ansiedade que sentíamos era apenas a insegurança de um futuro desconhecido que não incluiria o filho que amávamos tanto. Alguém me disse, "Quando você ama com tudo que tem, você lamenta com tudo o que você é", e eu certamente concordaria com essa observação.

Eu acreditava que Deus, se pedido, não somente nos carregaria, mas também protegeria nossas almas durante essa época emocionalmente vulnerável. De qualquer forma, foi difícil para meu marido erradicar seu sentimento não apenas de tristeza e medo, mas de desespero.

CAPÍTULO 32

TEMPO PERFEITO

"Perdão não muda o passado,
Mas aumenta o futuro."

— Paul Boese

Eu sou uma esquiadora ávida e oito meses após a morte de Willie, meu filho Eliot e eu estávamos esquiando no interior. Essa forma de esquiar envolve colocar peles sintéticas de animais no fundo dos esquis, tornando possível escalar terreno montanhoso coberto de neve, que do contrário seria inacessível. Chegando ao cume as peles são retiradas dos esquis e a emoção de então esquiar morro abaixo, normalmente em neve fresca e em pó, faz todo o esforço de subida ao morro valer a pena. Eu amo entreter meus filhos, então no fim da tarde eu estava me mostrando para Eliot, que estava me filmando esquiar. Decidi esquiar sobre um barranco e tentar "pegar ar" — algo que eu não faço bem, mas que sempre faz Eliot e meus outros filhos rirem. Ao invés de pegar ar, no entanto, meus esquis viraram em direções diferentes e quebrei meu tornozelo. Ao menos Eliot foi capaz de memorizar isso em sua filmagem!

Neste momento minhas opções eram bastante limitadas. Eu não podia esquiar e Eliot não podia me carregar. Consideramos usar nossos esquis para fazer um trenó, mas teríamos que escalar um morro considerável, então não achamos que seria provável que fosse efetivo. Eu já estava com frio e sabia que iria demorar pelo menos mais diversas horas para Eliot esquiar, contatar o grupo de busca e resgate e eles voltarem. Decidi que minha única opção sensata seria apertar minha bota de esqui (adicionando alguma estabilidade ao meu tornozelo) e me fortificar para uma lenta e muito dolorosa caminhada/esquiada de volta. Eu usei minhas varas de esqui e minha perna boa para me carregar acima e por entre os declives, enquanto desesperadamente tentava deixar a minha machucada gentilmente pendurada. Essa jornada de volta a nosso carro levou umas duas horas e foi acompanhada pelo que valia por uma vida de xingamentos. Como uma nota de rodapé interessante, eu li recentemente um estudo de Stephens, Atkins e Kingston no qual eles avaliaram xingamentos como uma resposta para a dor (*NeuroReport*, 5 de agosto de 2009; volume 20, 12ª edição; 1056-60). No estudo, dois conjuntos de dados eram coletados baseados em quanto tempo os voluntários conseguiam deixar seu braço submerso em água com gelo, um conhecido estimulador de dor, enquanto ambos podiam usar uma palavra comum para descrever o quadro ou gritar a profanidade de sua escolha. Os autores descobriram que os voluntários tiveram uma tolerância à dor significantemente maior quando usavam a segunda opção. Enquanto eu caminhava a distância até o nosso carro, realizei meu experimento pessoal. Eu tentei gritar palavras como "neve e "árvore" ou gritar diferentes profanidades. No final, eu concordava completamente com os resultados dos estudos de Stephens.

Fiz uma cirurgia naquela noite para consertar meu tornozelo e passei a noite no hospital. Um padre de Rwanda chamado padre Ubald "simplesmente aconteceu" de estar visitando uma amiga em Jackson Hole aquela hora e ela o trouxe para o hospital para rezar comigo. Para entender o que padre Ubald é e o que ele representa, você precisa entender um pouco sobre a história dele.

As origens do genocídio de Ruanda em 1994 são complexas e as divisões étnicas nesse país entre os Hutus e os Tutsis são de longa data. A polarização tribal explodiu após o assassinato do presidente Juvénal Habyarimana, que era um Hutu, e em um período de cem anos, mais de 800 mil pessoas foram sistemática e violentamente assassinadas.

No meio dessa matança, padre Ubald, um padre católico cujo pai Tutsi havia sido assassinado em 1962 na tomada do governo de Ruanda e quem havia ele próprio sido ameaçado pelos colegas de seminário, foi forçado a fugir primeiro para a residência de seu bispo e depois ao Congo em troca de uma promessa dos Hutus de não machucar as pessoas de sua paróquia. Assim que ele partiu, os membros Hutus traíram essa promessa e brutalmente mataram aproximadamente 45 mil membros Tutsi de sua paróquia. Mais de 80 membros de sua imediata e extensa família, incluindo sua mãe, foram exterminados dentro das primeiras duas semanas do massacre.

Antes de fugir, padre Ubald prometeu a seu bispo que ele retornaria para trazer cura a seu povo. O massacre finalmente terminou quando a Frente Patriótica de Ruanda reconquistou o poder, mas os que escaparam, tomados pela tristeza, foram deixados perplexos pela intensidade do mal que havia sido solto em seu país. Sobreviventes de todos os grupos étnicos experienciaram profunda culpa: culpa por matar, culpa por sobreviver, culpa por não fazer o suficiente para prevenir ou extinguir os conflitos. Muitos buscaram vingança, mas como foi dito, "Não há vingança tão completa quanto o perdão".

Padre Ubald passou muitos meses rezando e suas lágrimas encheram um rio antes de ele seguir seu caminho para Lourdes, França. Foi lá, enquanto ele meditava nas Estações da Cruz, que ouviu Deus dizer a ele para deixar de lado sua mágoa e "pegar sua cruz". Deus encheu seu coração com um perdão que só podia vir Dele. Subsequentemente, ele encontrou e perdoou o prefeito de sua cidade, que foi o homem que ordenou o assassinato de sua mãe. Tornou-se então responsável pelos filhos daquele homem, tratando-os como se fossem seus e até mesmo pagando por sua educação.

Padre Ubald é um homem que irradia a pureza da graça de Deus e prega pelo perdão e reconciliação. Ele também realiza missas de cura, usando seus dons para curar e renovar os outros. Estas acontecem em Ruanda, na Europa e nos Estados Unidos. Ele está construíndo um centro em Ruanda, chamado Os Segredos da Paz, que ministrará para as pessoas de lá e áreas ao redor do Congo e Burundi, países que viram muita guerra, pobreza e trauma. O padre trabalha incansavelmente em direção ao objetivo do perdão, reconciliação e paz para as pessoas de Ruanda e do mundo afora.

Foi por causa de seu passado e experiência em curar, que minha amiga, Katsey, o trouxe ao quarto de hospital para rezar pelo meu tornozelo. Quando chegaram, eu estava tão mal da anestesia e dos medicamentos para dor que eles rapidamente foram embora. No dia seguinte, padre Ubald insistiu que eu o visitasse na casa de Katsey uma vez que estivesse me sentindo melhor. Eu marquei uma visita alguns dias depois, e levei Bill comigo.

Conversamos brevemente, pois logo o padre se focou em Bill. Juntos, eles rezaram por mais de uma hora. Eu queria chorar com a beleza disso, já que nunca havia visto Bill ser externamente espiritual e isso era uma resposta há muitos anos de orações minhas. Na semana seguinte, padre Ubald jantou em nossa casa e a conversa se voltou para o tópico da perda. Conhecer a história de suas perdas e tristezas torna ouvir seus pensamentos em algo convincente e poderoso, então ficamos rebitados conforme ele descrevia a sua experiência e a de seu país com perdas e o contínuo processo de luto e perdão. Ele acredita que as complexas emoções relacionadas à perda quase sempre incluem algum tipo de raiva ou agressividade, culpa ou vergonha que requer perdão antes que a cura verdadeira, aceitação e reconciliação possam ocorrer. Padre Ubald também ressaltou que perdão não precisa ser bilateral. Vem de dentro de uma pessoa e não requer envolvimento, conhecimento ou aceitação do outro.

Conforme discutimos as muitas facetas do perdão, eu comecei a reconhecer que apesar de eu realmente acreditar que a morte de Willie era mesmo uma parte do plano maior de Deus, eu sentia raiva, e talvez ódio, no núcleo da minha tristeza. Eu estava zangada por Erik ter sido tão descuidado na sua direção que matou meu lindo filho. Eu estava zangada que ele nunca havia nos contatado após o ocorrido, para expressar remorso ou tristeza, e zangada com o fato de que, de acordo com alguns relatos que ouvi, ele continuaria a ser o que eu denominei de "sem-saída"; alguém sem muitos acontecimentos na sua vida, poucos objetivos e nenhuma paixão para fazer a diferença no mundo ele mesmo. Eu estava zangada por ele ter roubado a vida de meu filho, e mesmo assim não estar fazendo o máximo de suas próprias oportunidades para uma vida plena. Eu sabia que precisava perdoá-lo e rezar pelo seu futuro.

Eu também estava zangada comigo mesma e sentia um misto de vergonha e culpa. Na semana anterior à morte de Willie, eu estive visitando escolas em Vermont com a minha filha e, apesar de poder fazer dar certo, decidi não gastar tempo e dinheiro extras para combinar essa viagem com uma ida ao Maine para visitar meus filhos em seu centro de treinamento de esqui. Este era um dos meus poucos arrependimentos em relação à vida e morte de Willie, e me assombrava um pouco. Eu sabia que precisava me perdoar.

Eu também fui assombrada pelo sentimento de que falhei em minha responsabilidade com Deus. Eu sabia que uma das razões pela qual fui mandada de volta à Terra após meu acidente de bote era ajudar a apoiar minha família e, mais especificamente, meu marido a lidar com a morte de nosso filho. Eu também deveria ajudá-los a descobrir seu relacionamento com Deus. Eu tentei o meu melhor, mas em fevereiro de 2010, eu não achava que nenhum deles estava mais próximo de Deus e Bill ainda estava repleto de uma sensação penetrante de desespero. Eu me senti vazia e derrotada. Eu era incapaz de ajudar ele, meus filhos ou a mim mesma.

Conforme ouvia padre Ubald falar, eu contemplei seu jeito amável e alegre. De repente me ocorreu que minha sensação de fracasso era interna e egocêntrica. Eu havia parado de procurar a ajuda de Deus, achando que eu deveria fazer tudo sozinha. Acreditando que eu realmente *podia* fazer dessa forma. No processo, deixei dúvidas, medo e culpa silenciosamente entrarem e controlarem meus pensamentos. Eu ainda estava no vale da sombra da morte e a porta de meu coração estava escancarada. Bem ali e naquela hora, eu pedi pela ajuda de Deus e imediatamente me senti perdoada e livre, sabendo que Deus estava no controle. Eu orei por aconselhamento, pedindo que Deus ajudasse nossa família a seguir em frente no processo do luto, e rezei para que Bill começasse a ver o fio de esperança para o futuro. Mais uma vez, eu diria que Deus atendeu as minhas preces, embora definitivamente não da forma como eu imaginava.

Na nossa conversa sobre perda e perdão, padre Ubald identificou a sensação de desespero de Bill e, eu acho, minha sensação de fracasso. Ele ressaltou que embora tristeza reflita amor, desespero reflete a destruição da alma que frequentemente acompanha o luto. Ele então se levantou da mesa, encheu uma tigela com água, abençoou a água, e seguiu pela nossa casa espirrando essa água benta em tudo o que ele via... na verdade, jogando *mãos cheias de água* seria uma descrição mais exata. Ele espalhou água benta em todas as áreas de todos os cômodos, em todos os armários e em todos os objetos e superfícies... em tudo e todo lugar. Conforme ele o fez, ordenou que o mal do desespero deixasse nosso lar e nossa família.

Eu nunca fui católica, então não estou certa do que pensar sobre água benta, mas eu sei de uma coisa: nossas vidas mudaram após a visita de padre Ubald. Ainda sentíamos a tristeza da perda, mas a sensação de medo e desespero que vinha lentamente destruíndo nossas vidas partiu naquela noite.

Foi apenas "coincidência" eu ter quebrado meu tornozelo na época que padre Ubald estava visitando uma amiga, ou eu estar muito mal para falar com ele no hospital, assim provendo a oportunidade de padre Ubald trazer cura para mim, Bill e nossa família? Talvez seja, mas eu acho que é mais provável que seja mais um exemplo da sequência perfeita e coreografada de eventos de Deus.

CAPÍTULO 33

CONCLUSÕES LÓGICAS

"E agora estes três permanecem:
Fé, Esperança e Amor.
Mas o maior destes é o Amor."

— Coríntios 13 (NVI)

Conforme considero a história da minha vida, reconheço que cada uma das experiências que passei me preparou para a próxima. Há uma sequência e ordem divinas em minha vida, e essa sequência me preparou para meu maior desafio até hoje: a morte de meu filho. Desde sua morte, continuei me apegando ao meu credo diário (aquele pregado na geladeira), porque reflete as convicções e conclusões lógicas que eu já sei serem reais, baseada em minhas experiências passadas.

1. *Eu acredito que as promessas de Deus são verdadeiras:* Deus promete não nos deixar nem nos prejudicar. Ele garante abrir a porta quando batermos e sempre nos receber de volta em seu amor, não importa o quanto tenhamos nos afastado. Em minha vida, Ele cumpriu essas promessas quando Ele trouxe George

à minha vida, quando Ele estava comigo no carro atolado, quando Ele mostrou a mim e ao meu instrutor de mergulho a saída da caverna da Flórida e quando me afoguei em um rio sul-americano. Ele me amou mesmo quando fui uma adolescente revoltada e quando deixei Ele virar pano de fundo da minha vida. Eu podia ser confiante de que Deus tinha um plano para Willie e para nós.

2. *Eu acredito que o céu é real:* Minha paciente Jennifer viu os anjos. Meu paciente que morreu após a cirurgia na espinha viu anjos e descreveu tanto estes quanto o céu à sua mulher. Eu experimentei o céu em primeira-mão após meu acidente de caiaque. O céu que testemunhei era tão puro, cheio de amor e magnífico que eu não queria voltar à Terra. Quando minha vida ainda ficou por um fio, eu também fui assegurada de que meu marido e meus filhos ficariam "bem" mesmo se eu morresse. Eu não tenho dúvidas de que Willie estava triste por deixar sua família para trás e com pena do que iríamos suportar, mas eu também não tenho dúvidas de que ele foi similarmente assegurado antes de retornar jubilantemente a Deus.

3. *Eu acredito que nada pode me separar do amor de Deus:* O amor de Deus estava presente comigo quando eu estava fora de controle; quando a caminhonete estava presa na lama no meio das montanhas mexica-

nas; assim como nas várias vezes em que fiquei ansiosa em relação à minha vida pessoal ou situações de trabalho. Ele me ajudou e me amou quando eu estava presa em uma corredeira e morrendo. Impediu-me de sentir dor ou preocupação. A experiência de Sua presença, amor e compaixão me asseguram de que Willie não sentiu dor no fim de sua vida. Seu espírito provavelmente deixou seu corpo muito antes de estar quebrado, e eu me sinto confiante de que ele foi felicitado por uma recepção de testemunhas cheias de alegria e excitação.

4. *Eu acredito que Deus tem trabalho para mim:* Enquanto ainda estava no hospital após meu acidente de bote, os anjos falaram sobre o trabalho que todos fazemos na Terra, e discutiram algumas coisas específicas sobre o que eu ainda precisava fazer. Claramente, Willie havia completado seu trabalho na Terra. Ele viveu passionalmente, amou profundamente, atingiu sucesso e inspirou outros a se tornarem pessoas melhores. Conquistou muitas coisas em seus dezenove anos e tornou esse mundo um lugar melhor para todos. Ele fez o trabalho dele.

5. *Eu acredito que Deus irá me guiar e me carregar quando eu não puder andar:* Existem muitos ciclos na vida de uma pessoa, e todo mundo experimenta mágoa, preocupação, decepção, luto e outras dificuldades. Foi dito que alguém não consegue apreciar total-

> mente a alegria sem experienciar mágoa. Eu havia sobrevivido muitas mágoas antes da morte de Willie, algumas menores e outras maiores. Deus estava comigo para cada uma, me carregando para frente até que eu pudesse andar com minhas próprias pernas e germinar a pequena semente de esperança que ele enterra dentro de cada um de nós. Essa história me permite a certeza de saber que não importa o quanto eu me sinta devastada ou duvidosa sobre o futuro, Deus sempre estará lá para andar comigo e me carregar para um futuro alegre. Cada evento, tanto alegre quanto triste, me deu grande noção do papel de Deus em minha vida e me levou a uma fé mais profunda no amor infalível de Deus.

Ainda não sei o que o futuro reserva para mim. Não duvido das promessas de Deus e sou grata pelo privilégio de ter tido Willie em nossas vidas. Ele foi um grande professor e modelo, um ótimo filho e amigo. Willie acreditava que a mudança começa com o indivíduo e apaixonadamente abraçou a ideia de Mahatma Gandhi: "Precisamos ser a mudança que desejamos ver no mundo." Na vida aparentemente acelerada de Willie na Terra, ele conquistou bastante coisa e inspirou os outros a fazerem o mesmo. Mostrou a muitos uma maneira melhor de viver. Ele certamente foi a mudança que desejava ver no mundo.

Ele sabia quem era e o que defendia. Alcançou seus sonhos. Ele era bom e sempre pensava nos outros antes de si mesmo, esperava que cada um de nós olhasse no espelho toda noite e perguntássemos o que nós, não outra pessoa, havíamos feito hoje para ajudar alguém ou a fazer esse mundo um lugar melhor para todos.

Eu não acreditava que uma perda da magnitude que eu experienciei ao perder Willie fosse algo que alguém "supera", "trabalha com" ou nenhuma outra dessas expressões bem-intencionadas, mas impossíveis de atingir. Chorar uma perda é uma questão de aprender a incorporar a dor em uma nova vida e a uma nova realidade. Como Martha Hickman escreveu em seu livro *Curando Após a Perda* (HarperCollins, 2009): "Não há saída para fora, apenas para a frente."

Muitos disseram que minha experiência é nobre. Talvez seja. O que eu acho mais notável, no entanto, é o quão piamente muitas pessoas em nossa sociedade acreditam em mitos urbanos e conspirações absurdas e infundadas (Pop rocks & Coca-Cola, assassinato de JFK, AIDS é criada pelo homem etc.), e no entanto ignoram milhares de testemunhos pessoais e consistentes de milagres e experiências de quase morte de pessoas de todas as culturas e religiões.

Eu passei mais de dez anos refletindo sobre minhas experiências e imaginando o que eu devo fazer com elas. Nesse processo, continuei sendo o que eu sempre fui: uma esposa e mãe, uma cirurgiã espinhal, uma cientista, uma realista e uma cínica, e mesmo assim estou profundamente mudada. Sei que, acima de todo o resto, eu sou uma filha de Deus. Eu sei que Deus ama e valoriza cada pessoa na Terra. Eu sei que somos cada um apenas um pequeno pedaço de fio na gloriosa tapeçaria de Deus, mas eu também sei que nossas escolhas e nossas ações são importantes e realmente fazem a diferença.

Esse conhecimento mudou a forma como eu interajo com meus pacientes. Eu reconheço o quão significantemente a saúde emocional e espiritual de uma pessoa impacta em sua recuperação e sou capaz de usar minhas próprias experiências para lhes dar esperança, mesmo na menor das disfunções substanciais ou machucado. Eu frequentemente rezo por meus pacientes e, ocasionalmente, com eles. Agora vejo meu papel profissional mais como uma "curandeira" do que alguém que apenas "conserta" problemas mecânicos.

Eu não sei por que Deus escolheu intervir na minha vida. Eu levei uma vida normal. Fui criada com religião, mas nunca tomei as promessas de Deus para mim até estar no colegial. Passei pouco tempo pensando sobre minha vida espiritual quando era uma estudante universitária, mesmo acreditando que Deus havia intervido na minha vida quando eu estava mergulhando em Florida Springs. Poderia dizer o mesmo da minha escola de medicina e residência. Como muita gente, fui consumida pelos detalhes e obrigações da vida cotidiana e pelo desafio familiar de balancear as necessidades do trabalho, casamento e filhos. Apesar de ter sido pessoalmente tocada pela presença de Deus em minha vida, minha espiritualidade não começou a desabrochar até eu pensar no que eu queria para os meus filhos.

Já que me sinto normal em tantos sentidos, continuei perguntando a questão ordinária, "Por que eu?" Por que

Deus escolheu me dar essas experiências extraordinárias ao invés de Se mostrar para meu primo que morreu por conta de um vício em drogas ou para os milhões de outros crentes na Terra que choraram pela ajuda Dele? Eu sou analítica, científica e cética por natureza e por treinamento. Não tenho certeza se acreditaria em todos os eventos da minha vida se não os tivesse vivido pessoalmente. Como tudo o que descrevi acontece na vida de uma pessoa, por que é apenas para deixar de duvidar e apenas acreditar?

Não sei todas as respostas para estas perguntas, mas sei que milhares de pessoas estão precisando conhecer Deus, receber Seu amor, experienciar Sua presença e aceitar a verdade de Suas promessas.

Pessoas perguntam por que tantos milagres aconteceram em épocas remotas, mas não em nosso presente. Eu contra-argumento que existe a mesma quantidade de milagres acontecendo hoje em dia na vida de pessoas normais. Mas também noto que a maioria de nós não procura por milagres, não os reconhece pelo que realmente são, e não acredita realmente que eles sejam de origem divina mesmo que sua natureza miraculosa seja notada.

Minhas experiências de vida brigariam com os conceitos de fé e sorte. Eu apoiaria a crença de que há apenas a presença direcionadora e o plano de Deus, que usa Seus recursos de anjos e mensageiros para nos guiar e se comunicar conosco.

O rei Salomão escreveu em Eclesiastes que as "pessoas não podem ver todo o escopo do trabalho de Deus do começo ao fim" e concordo plenamente. Vivemos nossa vida em movimento de aceleração, mas só os entendemos quando olhamos para trás. Portanto te desafio a manter um diário de seis a doze meses de coincidências. Nesse diário, escreva os detalhes de todas as "coincidências" que você experienciar. Em uma coluna, escreva os detalhes de cada evento marcante em sua vida... Quais são/eram as circunstâncias acerca da sua aceitação na faculdade, conhecendo sua cara-metade, encontrando seu emprego, escolhendo onde você mora, e assim por diante. Note que toda vez os preparativos se encaixam facilmente. Similarmente, toda vez que você luta com uma situação, escreva o eventual desfecho. Escreva as coisas "ruins" que aconteceram a você ou a outras pessoas e, em uma coluna adjacente, liste o que acontece como resultado direto ou indireto dessas coisas ruins. Eu acredito que quando você olhar de volta em seu diário ao final de seu exercício, você claramente verá quantas das pessoas, eventos, decisões e desfechos estão interconectadas. Acho que você verá um padrão de ligação que não pode ser atribuído a chances estatísticas. Você verá evidência do trabalho de Deus em sua vida, lhe assegurando de que Ele tem um plano unicamente seu. Começará a reconhecer eventos coincidentes pelos milagres que eles são, e você saberá que Deus está com você mesmo em tempos de tristeza, solidão ou infortúnios. Parafraseando o que Chad Long disse uma vez: "Não vamos deixar que a vida distorça os acontecimentos. Todos somos parte de um milagre."

Está escrito em *Hebreus 11:1, (NIV)*: "Ora, a fé é a certeza de coisas que se espera, a convicção de fatos que não se veem." Martin Luther King Jr. traduziu isso para o mundo da ação quando disse: "Fé é dar o primeiro passo mesmo quando você não vê a escada inteira."

É essa fé que nos liberta. Nos permite abraçar completamente a vida, dissolve o medo e substitui preocupação por esperança. A fé nos permite andar confiantemente com Deus para um futuro repleto de alegria; o que pode se tornar uma aventura incrível e extraordinária.

Deus nos cria, nos conhece, nos ama e nos guia. Com amor e graça, Ele nos ordena a:

- Regojizar-se nesse conhecimento sempre.
- Viver uma vida de oração, dar glória a Deus e escutar continuamente seu direcionamento.
- Viver uma vida de gratidão, sendo agradecido em todas as circunstâncias.

DEVOLVENDO

*"Se você não pode alimentar cem pessoas,
alimente uma."*

— Madre Teresa

"Seja a mudança que você quer ver no mundo."

Uma parte dos lucros da venda deste livro será dada a organizações de caridade cujos objetivos são:

- Compartilhar a graça de Deus e amor em nosso país e no mundo.
- Encorajar indivíduos a fazerem cada dia e cada escolha valer a pena, e a trabalharem para tornar o mundo um lugar melhor para todos.
- Promover uma guarda responsável do mundo que nos foi dado.
- Ajudar a levar às pessoas a uma relação de amor com Deus.

Para mais informações, por favor, visite:

www.DrMaryNeal.com

Nesse website, você encontrará informações específicas sobre as ONGs para as quais as doações são feitas. Você também encontrará um espaço onde poderá sugerir outras ONGs que devam ser consideradas.

AGRADECIMENTOS

Agradecimentos pela permissão de reproduzir os seguintes materiais:

"Pegadas na Areia" copyright © 1963 por Carolyn Joyce Carty. Reproduzido sob permissão de Carolyn Joyce Carty.

"Em Nome do Amor," letra e música por Carole King, © 1977 por Elorac Music. Reproduzido sob permissão.

As citações da escritura marcadas com (NVI) são tiradas da Bíblia Sagrada, Nova Versão Internacional Version®, copyright © 1973,1978,1984 pela Sociedade Internacional da Bíblia. Usada sob permissão de Zondervan. Todos os direitos reservados.

As citações da escritura marcadas com (TNV) são tiradas da Bíblia Sagrada, Tradução da Nova Vida, copyright © 1996, 2004, 2007 pela Casa Fundação Tyndale . Usadas sob permissão de Publicadores da Casa Fundação Tyndale, Inc., Carol Stream, Illinois 60188. Todos os direitos reservados.

As citações da escritura marcadas com "NVRJ" são tiradas da Nova Versão do Rei James®. Copyright © 1982 por Thomas Nelson, Inc. Usada sob permissão. Todos os direitos reservados.

As citações da escritura marcadas com (VPRB) são tiradas da Versão Padrão Revisada da Bíblia, copyright ©1952 [2ffi edição, 1971] pela Divisão da Educação Cristã do Conselho Nacional das Igrejas de Cristo nos Estados Unidos da América. Usadas sob permissão. Todos os direitos reservados.

As citações da escritura marcadas com (Palavra de Deus) são tiradas da Tradução da Palavra de Deus. Palavra de Deus é um trabalho de direitos autorais da Palavra de Deus às Nações. Usadas sob permissão. Todos os direitos reservados.

As citações da escritura marcadas com (VPI) são da Bíblia Sagrada, Versão Padrão Inglesa® (VPI®), copyright © 2001 pelo Crossway, um

Este livro foi impresso em
Scala para Leya e
impresso em dezembro de 2013